Johanna Woll

Weihnachten gestern und heute

in Heilbronn – Hohenlohe – Franken

Johanna Woll

Weihnachten gestern und heute

in Heilbronn – Hohenlohe – Franken

Swiridoff Verlag

Bildnachweis:
Roland Bauer, Braunsbach-Winterberg (S. 18, 20, 33, Umschlagrückseite); Heribert Denz, Zweiflingen-Tiefensall (S. 8, 95, 99); Gerhard Hoffmann, Sulzbach-Neuweiler (S. 71 o., 81); Erich Kuch, Dörzbach-Hohebach (Titelbild, S. 10, 19, 21, 42, 55 o., 63, 64, 65, 87, 88); Helga Noll, Waldenburg (S. 48); Helmut Philippi, Waldenburg (S. 97); Schlosser GmbH, Crailsheim (S. 24); alle weiteren Fotos: Bernhard Woll, Waldenburg

Redaktion und Lektorat:
Elke Bauernfeind

Herstellung:
Norbert Brey

Gesamtherstellung:
KONKORDIA GmbH, Bühl
Das Medienunternehmen

© 2001 Swiridoff Verlag, Künzelsau

ISBN 3-934350-53-4

Inhalt

Advent ... 7
Adventskranz ... 9
Adventskalender ... 11
Barbaratag – Barbarazweige ... 12
Süße Köstlichkeiten für das Fest ... 14
Sankt Nikolaus – Wirklichkeit oder Legende? ... 22
Geliebte Adventsbasteleien ... 29
Das »Anklöpferle« in den Klopfnächten ... 31

Der Christbaum ist der schönste Baum … ... 38
Ein Blick in die Geschichte ... 40
Die regionale Christbaum-Geschichte ... 43
Der Wandel des Christbaumschmucks ... 45
Essbarer Baumbehang ... 49
Glas und Glanz ... 51
Gläserne Spurensuche zwischen Kocher, Jagst und Tauber ... 53
Metallisches aus der Gründerzeit ... 56
Selbstgebastelter Christbaumschmuck – und mancherlei aus Papier ... 58
Kerzen und Halter für den Lichterbaum ... 58
Christbaumständer ... 60

Die Weihnachtskrippe ... 63

Das Weihnachtsfest ... 67
Die Datierung ... 67
Weihnachtsanläuten, Engelesblasen und Christmette ... 68
Das Schenken, Tradition oder Kommerz? ... 69
Heiliger Abend ... 76
Die Bescherung am Christtag ... 81
Christkindle und Pelzmärte ... 82
Von Geschenkverboten und Armenbescherungen ... 84

Winterjohanni ... 86

Silvester – Neujahr ... 87

Zwölfnächte – Heilige Nächte – Raunächte ... 94

Dreikönigstag – Fest der Erscheinung – Epiphanie ... 97
Glossar ... 102
Literatur ... 103
Ortsregister ... 105
Sachregister ... 106
Dank ... 109

Ein Adventskalender eröffnet die Weihnachtszeit

Advent

Wenn es draußen früh dunkelt, wenn es ungemütlich und kalt wird, ziehen wir uns gerne zurück in die häusliche Geborgenheit. Wir suchen Wärme, Stunden der Muße und der Ruhe. Wir freuen uns auf den Advent. Man möchte innehalten, still werden, ohne Hektik und Eile stimmungsvolle, besinnliche Abende verbringen, die Körper und Seele gut tun. Verführerische Düfte von Zimt und Vanille, von Kerzen und frischem Tannengrün ziehen durch das Haus. Keine andere Zeit des Jahres steht so im Zeichen der Vorbereitungen auf ein Fest wie die Adventswochen.

Was heißt Advent? Es ist ein Wort aus dem Lateinischen und bedeutet: Ankunft. Advent ist die Zeit der Erwartung, im christlichen Sinn die Zeit der geistigen Vorbereitung und Besinnung auf das Fest Weihnachten, auf die Ankunft Christi.

Sind wir nicht so eingespannt, so überschüttet von Reizen unserer übersatten Welt, dass wir den Advent nur noch am Rande wahrnehmen, nur noch als eine Zeit vermehrter Belastungen, gesteigerter Unruhe und Betriebsamkeit ansehen? Viele sehen sich zurück in den Zauber kindlicher Vorweihnachtszeit, sind es überdrüssig sich hetzen zu lassen, stehen mit Unbehagen dem ausufernden Konsumverhalten gegenüber und werden doch hineingedrängt in die geschäftige Ruhelosigkeit der Zeit. Die Sehnsucht nach dem Einmaligen der lichterfüllten Heiligen Nacht ist noch lebendig im Gedächtnis geblieben, aber sie lässt sich nicht mehr zurückholen. Es gelingt wohl kaum mehr, allgemein den Advent als Zeit der Stille zu erfahren. Doch jeder ist eingeladen, über die Möglichkeit der Stille im Advent nachzudenken, um dadurch selbst ein wenig zur Ruhe zu kommen.

Wie es früher war

»Sankt Kathrein stellt den Tanz ein«, so hieß es, weil von diesem Tag an, dem 25. November, also dem Gedenktag der Hl. Katharina, Tanzveranstaltungen, Hochzeitsfeiern oder andere Lustbarkeiten nicht mehr stattfinden durften. Die Zeit der Stille war angesagt. Auch die Natur zwang zur Ruhe. Die Arbeiten in Feld und Garten waren beendet, die Familien konnten sich von nun an mehr auf das Häusliche konzentrieren.

»Mit dem Advent begann früher in den Dörfern die ›stille Zeit‹ und wir Kinder dachten und konzentrierten uns alle nur noch auf das bevorstehende Fest der Weihnacht. Oft glaubten wir es gar nicht erwarten zu können, bis es soweit war. Und wenn ein Abendrot den Himmel überzog, dann sagte man: Haiit bäggt's Christkindle Zuggerdoggeli. Dennoch hatte der Dezember für uns Kinder auch noch eine ganze Menge ereignisreicher Tage. So schnitten wir meist am 4. Dezember, dem Barbaratag, Zweige von den bei uns häufig wildwachsenden Weichselkirschen, die danach in eine Blumenvase gesteckt wurden. In deren Wasser gab man ein Stück Holzkohle, damit es nicht faulig wurde und die Kirschzweige an Weihnachten blühen konnten.«
(Gottlob Haag: »Und manchmal krähte der Wetterhahn«, Bergatreute: Eppe, 1992)

Weihnachtsstimmung

Seit der Terminierung des Weihnachtsfestes im Jahre 354 auf den 25. Dezember kennt man, wie vor Ostern, auch vor dem Geburtsfest Christi eine mehrwöchige Fastenzeit. Durch die Synode von Mâcon im Jahre 583 wurde der Beginn der sogenannten »geschlossenen Zeit« auf den Tag nach Martini, also den 12. November, festgelegt. Das Volk sollte sich zur Vorbereitung auf Weihnachten durch Buße, Beten und Fasten auf das bevorstehende große Fest einstellen. Die Obrigkeit überwachte diese Anordnung. Diese sechswöchige Adventsfastenzeit ist auch der Grund für die üppigen Gänseessen mit reichlichem Weingenuss am Martinstag. Und der auch heute wieder verbreitete Brauch, den 11.11. mit Fastnachts-prunksitzungen fröhlich zu feiern, hängt mit diesem alten vorweihnachtlichen Fastentermin zusammen. Mit Beginn der Neuzeit verkürzte sich die Fasten- und Bußzeit vor Weihnachten auf vier Wochen, sie begann also mit dem 1. Adventsonntag.

Bis in die 1950er Jahre war der Advent auch im außerkirchlichen, also im familiären oder dörflichen Bereich eine stille Zeit, ohne Geschenkdruck und Hetze um den Einkaufsrummel, jedenfalls in kleinbürgerlichen und bäuerlichen Kreisen. Und die Mehrzahl der Bevölkerung gehörte dazu. Alles verlief deshalb ruhiger, weil allgemein einfachere Lebensverhältnisse herrschten, ja, bei vielen Familien sogar Armut und Not den Lebensalltag prägten. Da waren dem Konsum

Das Adventssingen im Dorf

»Am 1. Adventssonntag in aller Frühe, solange es noch dunkel ist, sammelt sich eine kleine Singgruppe vor dem Pfarrhaus. Dann zieht sie schweigend durch die Straßen und Gassen des Dorfes. Nur an vier Plätzen, die vorher ausgemacht wurden, wird Halt gemacht. Da singt nun die Gruppe die erste Strophe des Adventsrufes: ›Hört ihr Menschen aller Orten, hört es ist Advent geworden‹. Darauf folgt ein Zwiegespräch zwischen Sprecher und Gruppe und am Schluss desselben wird eines der bekannten Adventslieder angestimmt. Das Adventssingen wird erst seit einigen Jahren gepflegt und kann sich heute schon großer Beliebtheit erfreuen.«

(Jürgen Hermann Rauser, Heimatbuch Ingelfingen, 1980, Aufsatz von P. Trittler, 1953, Eberstal)

von vornherein Grenzen gesetzt. So konnten alle Vorbereitungen auf das Fest in Ruhe geschehen. Dafür wurde aber die Freude auf das zu Erwartende intensiver erlebt.

Viele wissen noch etwas aus dieser anderen Adventszeit. Sie wissen noch, dass Buße und Verzicht auch gelebt wurden. Zugegeben, das fiel damals noch leichter. Keine bunte Glitzerwelt der Reklame, keine Werbespots der Medien, keine überfüllten Süßwaren- und Spielzeugregale, auch nicht die heute vorweggenommenen Weihnachtslieder und Weihnachtsfeiern irritierten die Sinne. Was damals die Adventszeit prägte, waren die einfachen aber sinnvollen Beschäftigungen in den Familien, das Basteln und Werken, das Nähen und Backen, die Wahrnehmung der Symbole und Zeichen am Barbara- oder am Nikolaustag. Vor allem das Warten legten Eltern ihren Kindern sehr eindringlich ans Herz. Sie ermahnten mehr als sonst zu Fleiß und Folgsamkeit immer mit dem Hinweis auf eine Belohnung durch das Christkind.

Adventskranz

Jeder kennt den Adventskranz mit seinen vier Kerzen, mit dem Sonntag für Sonntag heller werdenden Licht, das auf Weihnachten führt, auf das Fest

Der vierte Advent

»Der hohe eiserne Ofen in der Stube verbreitete eine angenehme Wärme. Er wurde erst vor ein paar Tagen von der Mutter gerußt und auf Hochglanz gebracht. Auf dem Ofen stand eine Bettflasche, diese musste, wenn sie summte, droben in der Bühnenkammer in die eiskalten Betten geschoben werden. Und so kam eine nach der anderen dran. Aber heute war Sonntag, da wurde kochendes Wasser auf dem Herd gemacht und alle Bettflaschen wurden frisch gefüllt. Auf dem Ofen lagen Äpfel zum Braten. Immer wieder pfustete einer. Im Ofen wurden einige Tannenzweige verbrannt und es roch schon ein wenig nach Weihnachten.

Wir saßen alle um den Tisch und die vierte Kerze am Adventskranz wurde angezündet. Dabei wurde ein Weihnachtslied gesungen. Dann erzählte unser Vater Geschichten von früher. Die Adventszeit war bei uns so richtig zum Erzählen da.«

(Marie Kircher, geb. 1919, Langenburg)

Die vier Kerzen am Adventskranz erinnern an die vier Adventssonntage.

der Geburt Christi. Der Adventskranz ist das bekannteste Merkmal der Adventszeit, dabei ist seine Geschichte noch gar nicht so alt.

Sicher werden seit Jahrtausenden Kränze gebunden, denn Kränze tragen eine tiefe Symbolik in sich. Ein Kranz ist ohne Anfang und ohne Ende, rund, ein Sinnbild für Unendlichkeit, ein Symbol für Geschlossenheit und Geborgenheit. Dieses Bild kann durchaus auch für den Adventkranz gelten. Doch Ursprung und Sinn unseres heutigen Adventsgebindes gründen anderswo.

Der Adventskranz hat seinen Ausgang in evangelisch-kirchlichen Kreisen genommen, als der Leiter eines Erziehungsheimes, des ›Rauhen Hauses‹, Pfarrer Johann Hinrich Wichern (1808–1881) in Hamburg um 1850 damit begann, für seine Schützlinge Adventsandachten unter einem mit Tan-

»Mit Advent begann das neue Kirchenjahr. Jetzt sang man in der Kirche, zu Hause und in der Schule Advents- und auch bald Weihnachtslieder. Aber es gab zunächst keinen Adventskranz. Ich erinnere mich noch gut, wie 1934 ein älteres Nachbarsmädchen mithalf, unseren ersten Adventskranz zu binden. In der damaligen nationalen Begeisterung wand es sogar ein schwarz-weiß-rotes Band um das Tannenreisig. Künftig war es Kinderpflicht, vor dem Advent Tannenzweige aus unserem Wald zu holen. Und dann freuten wir uns auf das ›Adventsengele‹, das erste Backwerk am Sonntagabend.«

(Walter Hampele: »Dorfleben und Brauchtum im Jahreslauf. Erinnerungen eines Hohenloher Bauernbuben.«, Schwäbisch Hall: Oscar Mahl, 2. Auflage 1989)

Selbstgebunden oder gekauft?

»Die Zweige für unseren Adventskranz durften wir mit Erlaubnis des Försters im fürstlichen Wald holen. Mutter band den Kranz mit Draht auf einen Weidenring, wir Kinder reichten die zurechtgeschnittenen Ästchen. Jahr für Jahr wiederholte sich dieser Vorgang am Samstag vor dem ersten Advent, bis wir später das von der Mutter Gelernte selbst machen konnten. Und das bis heute tun.
Ganz anders war das bei meiner Schulfreundin Helga. Ihre Mutter hatte als vielbeschäftigte Geschäftsfrau wohl wenig Zeit für Tätigkeiten dieser Art. Dennoch hing von der Decke ihres Esszimmers immer ein wunderschöner, ebenmäßig gebundener Kranz, den ich Jahr für Jahr bewunderte. Selbst nach vier Wochen ließ er noch kein Nädelchen fallen, während der unsere bald struppig und braun aussah. Eines Tages erfuhr ich, dass der Adventskranz im Hause meiner Schulfreundin beim fürstlichen Hofgärtner bestellt und aus Weißtanne gebunden war. So sehr mir dieser Kranz auch gefiel, wollte mir noch lange nicht einleuchten, dass man einen Adventskranz nicht selbst machen muss«.
(Geschehen und gesehen in den Jahren 1946–1949 J. W.)

nengrün geschmückten Radleuchter abzuhalten. Für jeden Tag war eine Kerze angebracht. Mit diesem langsam wachsenden Lichterkranz stimmte Wichern die Jugendlichen auf Weihnachten ein. Daraus entwickelte sich unser heutiger Adventskranz, reduziert auf vier Lichter für die vier Adventssonntage. »Licht, das in der Finsternis leuchtet«, heißt es im Johannesevangelium. Die Kerzen im Advent wollen daher nicht nur eine stimmungsvolle Atmosphäre schaffen, sie wollen in dieser Zeit auch die Geburt Christi ankündigen.

Seine Verbreitung nahm der Adventskranz von Norden nach Süden. Er war in städtisch-bürgerlichen Häusern evangelischer Familien viel früher anzutreffen als in katholischen und ländlichen Haushalten. Dies hängt auch damit zusammen, dass im 19. Jahrhundert in Deutschland eine Verbürgerlichung der Weihnachtsbräuche einsetzte. Damit bot der Adventskranz eine weitere Möglichkeit zur ästhetischen Ausgestaltung und Schmückung des Heimes. Um 1930 fand er nahezu überall in Stadt und Land Eingang, in den Familien und in den Kirchen, auch in unserer Region.

Inzwischen ist der Adventskranz als vorweihnachtliches Schmucksymbol nicht mehr wegzudenken.

Adventskalender

Eltern werden erfinderisch, wenn sie ihre Kinder warten lehren, weil diese ungeduldig und fragend einem besonderen Ereignis entgegenfiebern. So ist es nicht verwunderlich, dass Väter und Mütter Adventskalender, sogenannte Zählhilfen, erfanden, um die endlos erscheinenden Tage bis zum Weihnachtsfest überschaubar zu machen. In den verschiedensten Gegenden Deutschlands, ganz unabhängig voneinander, wurden bereits um 1850 mancherlei Zählhilfen vom 1. Advent bis zum 24. Dezember gestaltet. Das war in jener Zeit, als die bürgerliche Familie begann, sich auf den häuslichen Bereich zu konzentrieren.

Da gab es Himmelsleitern, auf denen ein hölzernes Christkind jeden Tag eine Sprosse tiefer kletterte, Tapetenstücke, auf die jeden Abend ein religiöses Bildchen geklebt wurde (1851 zum ersten Mal erwähnt) und selbstgebastelte Abreißkalender. Es gab den

Kronleuchter mit 24 Kerzen bestückt – das war der Vorläufer unseres Adventskranzes. Manche Eltern zeichneten 24 Kreidestriche über die Stubentür, von denen täglich einer abgewischt wurde. All diese Methoden entstammen wohl jener Pädagogik, die darin ein erzieherisches Mittel der Adventsverehrung sah.

München war die Heimat des ersten gedruckten Adventkalenders. Er wurde 1908 von dem Verleger Gerhard Lang (1881–1974), einem Pfarrerssohn aus Maulbronn, herausgegeben. Ihm hatte die Mutter in seiner Kindheit 24 Wibele (ein Konfekt, das der fürstliche Hofkonditor Wibel in Langenburg erfunden haben soll) auf ein Stück Karton genäht, um dem Jungen das Warten auf Weihnachten zu versüßen. Daran erinnerte sich Lang und entwickelte schließlich die unterschiedlichsten Formen und Motive käuflicher Adventskalender. Er beauftragte namhafte Künstler mit der Illustration, weil er großen Wert darauf legte, dass seine Produkte das Gemüt der Kinder ansprechen, »daß sie so recht den Zauber der bevorstehenden Weihnacht verbreiten«, wie es in einem Firmenprospekt heißt. Als andere Verlage mit einfacher produzierten Adventskalendern konkurrierten, vermehrte sich das Angebot bis zur billigen Massenware. Lang musste seine lithographische Anstalt schließen.

Dass sich nicht nur der Geschmack, sondern auch der Zeitgeist in diesen gedruckten Kalendern spiegeln, macht vor allem die nationalsozialistische Zeit sichtbar. Die totale Kontrolle reichte bis in die Kinderstuben. »Der Adventskalender war plötzlich nur noch ein ideologisch verbrämter Torso, zusammengehalten aus völkischen Versatzstücken religiöser Tradition. Die Form wurde beibehalten, der Inhalt ausgetauscht. So wurde der christliche Glaube nicht zerstört, sondern ausgehöhlt. Gebohrt wurde an den pädagogischen Wurzeln, mit einem harmlos anmutenden Kalender.« (Thomas Schmidt, Kath. Sonntagsblatt, Dezember, Nr. 49/1989, Ostfildern: Schwabenverlag)

Gegen Ende des zweiten Weltkrieges durften wegen Papiermangels Kalender nicht mehr gedruckt werden. Die fünfziger Jahre brachten dann wieder ein wachsendes Angebot und die Hersteller besannen sich auch auf die christliche Tradition. Heute gibt es eine Vielzahl von Bastelanleitungen, die Eltern und Kinder zum gemeinsamen Gestalten von Adventskalendern anregen.

Barbaratag – Barbarazweige

Der Gedenktag der Heiligen Barbara am 4. Dezember fällt in die ersten Tage des Advent. Es ist ein tief verwurzelter und lang geübter Volksbrauch, an diesem Tag oder wenige Tage zuvor Zweige von Obst- oder Ziergehölzen – die Barbarazweige – ins Haus zu holen, in der Erwartung sie an Weihnachten ergrünt und erblüht zu sehen. Kirschen und Forsythien eignen sich besonders gut. Doch es ist wichtig, dass bereits ein Frost über die Zweige gegangen ist, erst dann blühen sie auch auf. Sie sollten vor dem Aufstellen im Zimmer eine Nacht lang in lauwarmes Wasser gelegt werden. Es ist ratsam, das Wasser in der Vase jeden dritten Tag zu wechseln.

Mit dem Aufbrechen der Knospen zu Weihnachten verbinden sich allerlei Glücksvorstellungen. Bauern schlossen von ihnen auf die Obsternte des kommenden Jahres. Für junge Mädchen waren sie Liebesorakel. Sie gaben jedem Zweig den Namen eines Verehrers. Wessen Zweig zuerst erblühte, der konnte vielleicht der künftige Bräutigam sein.

Die Blüten gleichen einem Wunder, das man in der Natur im Winter nicht

Wenn Zweige von Obst- oder Ziergehölzen am Barbaratag geschnitten werden, erblühen sie zu Weihnachten (hier Kirschzweige)

erwarten kann. Sie sind von daher auch ein Hinweis auf das Christnachtswunder, ein Symbol für die Geburt Jesu, dem Spross aus der Wurzel Jesse.

Insbesondere im fränkischen Raum nahmen die Barbarazweige lange die Stelle des Christbaumes ein. Es wurden dort Zweige von Kirschen, Holunder, Kastanien, ja ganze Birkenbäumchen, wenn sie zu Weihnachten ausgetrieben hatten, mit Süßigkeiten, versilbertem Obst, Goldquasten, Nussschnüren, Flitterkram und anderem mehr behängt. Solche, manchmal zimmerhoch aufragende Zweige, nannte man Barbara- oder Frucht- und Zuckerbäume. In Nürnberg, so berichtet der »Simplizianische Wundergeschichts-Kalender« von 1795, wurden zimmerhohe Obstbaumzweige, wie anderswo die Tannenbäume, als »Christkindelsbaum« mit Süßigkeiten aller Art, vergoldeten Nüssen und Wachslichtern üppig geschmückt.

Barbarazweige und Barbarabäume dieser Art sind, wenn auch in einfacher Form, sogar für Orte unserer Region belegt. Im Waldenburger Heimatbuch ist festgehalten: »Am Adventsfest holt man ›Wedel‹ von Holder, Kastanie oder Kirschbaum. Dieselben werden in warmes Wasser gestellt, welches jeden Tag erneuert wird. Bis Weihnachten hat ein solcher Wedel ausgeschlagen und bildet dann den Ersatz für einen Christbaum; außerdem erwartet man, wenn derselbe schön blüht, ein gutes Frühjahr, ein gutes Jahr überhaupt.«

(Bericht um 1900 von Unterlehrer Bergmüller, Kreisarchiv Hohenlohekreis, Neuenstein)

Aus dem Leben der heiligen Barbara

»Durch vielerlei Geschichten und Legenden und durch die große Verehrung, die Barbara über Jahrhunderte genoss, hat sie einen festen Platz im Herzen der Gläubigen erhalten. Barbara lebte in Nikomedien (= eine Stadt in der Türkei). Sie hatte einen heidnischen Vater, war aber selbst Christin. Weil der Vater sie vom Christentum abbringen wollte, sperrte er sie in einen Turm und ließ sie streng bewachen. Das war in der Verfolgungszeit des Kaisers Daja (310–313). Immer wieder drängte der Vater in sie, sie solle ihrem ›Aberglauben‹ abschwören und Heidin werden wie der Vater selbst. Auch versprach er ihr eine glänzende Hochzeit mit einem reichen Heiden. – Doch Barbara blieb standhaft. Da lieferte der eigene Vater seine Tochter an das Gericht aus. Barbara wurde zum Widerruf ihres Glaubens aufgefordert, blieb jedoch fest. Da wurde sie zum Tode verurteilt. Ihr eigener Vater, so wird erzählt, habe sie dann umgebracht. – Schon in ganz früher Zeit wurde Barbara in Nikomedien als Märtyrerin verehrt. Später breitete sich die Verehrung auf das ganze Abendland aus.« (Veronika M. Seifert: »Kommt, lasst uns gehen und sehen!«, Kral-Verlag)

Süße Köstlichkeiten für das Fest

Es ist Backtag, betörend süßer Duft durchzieht das Haus. Die Mutter rührt Eier, Zucker und Butter. Die Kinder können kaum erwarten, bis sie mithelfen dürfen. Ist das nicht heute wie früher so? Das Backen im Advent gehört zur Vorfreude auf Weihnachten.

Nicht Wochen, sondern nur wenige Tage vor dem Fest wurde mit dem Backen begonnen, und nicht überall durften die Kinder mithelfen. In manchen Familien mussten sie unterm Teigkneten und Rühren eifrig beten oder singen, damit sie nicht naschen konnten. Dass man vor Weihnachten von den Brötle, Backerle, Plätzle, Küchle oder Zuckerdockelich, so unterschiedlich wird das Weihnachtsgebäck hier benannt (im Schwäbischen sagt man allgemein Gutsle), nichts essen durfte, das war nahezu überall eine strenge Übung der Enthaltsamkeit, auch wenn noch so verführerischer Backduft durchs Haus zog. Es fiel allenfalls ein Versucherle ab. Näscherei gab es das Jahr über für die Kinder kaum, daher versuchten sie mit allerlei List vom versteckten Gebäck zu stibitzen.

Es ist für unsere zuckerverwöhnten Gaumen unvorstellbar, Zucker nicht jederzeit verfügbar zu haben. Die breite Bevölkerung konnte sich süßes Backwerk aber lange nicht leisten. Erst mit den heimischen Zuckerrüben und deren industrieller Verarbeitung in der ersten Hälfte des 19. Jahrhundert wurde Zucker billiger. Bis dahin war der teuere Rohrzucker aus Übersee dem Adel und Großbürgertum vorbehalten. Der Kaufmann bot den Zucker am Stück als Zuckerhut an, von dem er die gewünschte Menge abschlagen und sorgfältig abwiegen musste. Mit Zuckerbrechen und Mörsern wurde der Zucker zu Hause zerkleinert und zerstoßen. In älteren Haushalten sind noch abschließbare Zuckerdosen vorzufinden. In den meisten Haushalten ging es jedoch nach wie vor eher sparsam zu. »Ja, für die im 19. Jahrhundert ständig wachsende Gruppe der Landarbeiter, Tagelöhner und Fabrikarbeiter waren all die Weihnachtsherrlichkeiten dort nur Märchen.« (Weber-Kellermann)

Weihnachtsbäckerei

Kans von den Berschlich moch heit ins Bett, d'Mueter rührt Eier, Zucker und Fett.
Mit große Aache stehns alli debei, und blitzschnell dupfes in d'Schüssel nei.
Wenn d'Mueter nor gschwind uff d'Seite guckt, werd gschleckt und wale nuntergschluckt
D'r Daach isch fertich und flink, schnipp-schnapp, sticht's Förmle Herze und Sternlich ab.
s Fritzle mecht Entlich, d'Luis Kikriki, und 's Schorschle stellt Vöchel in d' Menagerie.
Mit rote Backe werd gwellt und gruckt, und d'Abfallschnipfelich nuntergschluckt.
Sogar d'r Vadder langt als newenum – d'Mueter mueß lache, sie nimmt's net krumm,
's isch amol im Johr nor Weihnachtsfescht. Drum kriecht's Mariele jetzt de Rescht
vom Daach und rollt sich e Brezel draus, die sieht mehr graulecht als goldgelb aus.
Jetzt aber, ihr Schlingel, marsch ins Bett! 's Fritzle hat Bauchweh, uns wundert's net.
(»Hohenlohisches von Maja Hartmann-Kurz«, Hrsg. Erich Ulrich)

Sparrezepte

Hutzelbrot, Lebkuchen, Ausstecherle, Butter-S – in dieser Reihenfolge wird gewöhnlich aufgezählt, fragt man die ältere Generation nach dem Weihnachtsgebäck ihrer Kindheit. Die Gebäckvielfalt hielt sich in Grenzen. Ja, es gab Haushalte, in denen aus Sparsamkeitsgründen – und viele mussten sparen – aus einem einfachen Knetteig verschiedene »Sorten« Brötle hergestellt wurden. Unterschiedlich geformt und verziert, sahen sie dann auch anders aus.

»Es gab viele überlieferte Rezepte, aber sie waren nicht so üppig wie heute. Einfache Leute mussten sich mit Sparrezepten begnügen. So erzählt Marie K., 1907 in Mulfingen an der Jagst geboren, die Älteste von elf Kindern eines Glasers mit einer kleinen Landwirtschaft, dass die Mutter nur einfache Ausstecher ohne Ei backen konnte. Sie hatte kein Geld, um den Zucker für das feinere Gebäck wie die Springerle zu kaufen. Wenn man genügend Zutaten hatte, konnte man Hutzelbrot und Lebkuchen backen. Hutzelbrot (Schnitzbrot) enthielt alles, was das vergangene Jahr gebracht hatte: Getreide, Nüsse, Zwetschgen-, Birnen- und Äpfelhutzeln. Zu den Lebkuchen brauchte man Gewürze wie Zimt, Nelken und Kardamom. Die waren teuer und rar, und mit ihnen musste man sparsam umgehen.« (Aus: »Fast alle Tage Kraut«, HFLM, Schwäbisch Hall-Wackershofen, Band 11)

Einfache Ausstecher ohne Ei:

100 g Butter, 150 g Zucker, 1 Päckchen Vanillezucker, 4 Essl. Milch, 300 g Mehl, 1 Teel. Backpulver
Butter, Zucker, Vanillezucker und Milch schaumig rühren, das gesiebte mit Backpulver vermischte Mehl darunterarbeiten, den Teig dünn auswellen und Plätzchen ausstechen. Mit Milch bestreichen. Bei 180°C hellgelb backen.

In Not- und Kriegszeiten, wie im ersten und vor allem nach dem zweiten Weltkrieg konnte man nicht mehr auf die traditionellen Rezepte zurückgreifen. Die Lebensmittel waren zugeteilt. Kunsthonig, Haferflocken, Trockenei, Milchpulver, Margarine, damit musste man auskommen.

Im »Zaber-Boten« vom 20. Dezember 1918 findet sich dazu folgende Bekanntmachung:
Wie im Vorjahr wird die Herstellung von Schnitzbrot (Hutzelbrot) aus Getreidemehl in gewerblichen Betrieben wie in Haushalten gestattet.
Die gewerbliche Herstellung von anderem Weihnachtsgebäck aus Getreidemehl ist in diesem Jahr nicht zugelassen.

Springerle müssen Füßle bekommen

Zum begehrtesten Zuckerbackwerk wurden im 19. Jahrhundert die Springerle, ein Anisgebäck, das in Holzmodeln ausgeformt, auch »Eierzucker«, »Aniszeug« oder »Bauernmarzipan« genannt wird. Die einfachen Leute konnten sich echten Marzipan nicht leisten. Die Springerle waren der Ersatz. Die meist künstlerisch gestalteten Modelmotive sind vielfältig. Das Wort Model kommt vom lateinischen »modulus« und heißt Maß, Form. Springerle gelten nur dann als richtig gelungen, wenn sie beim Ausbacken »hochspringen«, also unten die sprichwörtlichen »Füßle« bekommen, während die Oberfläche das unveränderte Bildrelief zeigt. Das Gebäck wird nicht hart, wenn es im Keller oder in der gut durchlüfteten Speisekammer unverschlossen und kühl gelagert wird.

Schon im 17. Jahrhundert sind die Springerle als Festtagsgebäck bekannt. Ihre kunstvolle Herstellung erfolgte zunächst beim Konditor, dem Zuckerbäcker, der auch im Besitz der prächtigen Model war. Damals konnten sich nur die finanziell besser Gestellten dieses außergewöhnlich süße Gebäck leisten. Als im ausgehenden 19. Jahrhundert Mädchen vom Land in städtische Haushalte in »Stellung« gingen, versuchten diese später in ihrem eigenen Haushalt das Gelernte zu übernehmen. Kochen und Backen konnten die jungen Frauen mittlerweile auch in Kochschulen und aus Kochbüchern erlernen. Der nun erschwinglich gewordene Zucker machte jetzt auch das Backen von Springerle möglich. Die dafür erforderlichen Model wurden, weil teilweise maschinell vorgefertigt, billiger. Model vererbten sich in den Familien und noch heute finden wir wertvolle Modelschätze dort, wo das Springerle-Backen eine liebenswerte Tradition geblieben ist.

Mit der Zubereitung des Weihnachtsgebäcks zieht köstlicher Duft durch das Haus.

's erscht Weihnachtsgebäck

»[...]'s mueß um d'Jahrhundertwend gwe sei. D'Schulbenk how i nemli sellemol nouni drickt, wu mei Muedder mit der Nachberi vom Backe ufs Fescht gredt hat. Derbei hat s' erfohre, dass d' Ruperti, wu glawi friher z'Cannstatt deant hat, ä Rezept zu feini Bretli ghot hat. Sie hat awer ganz weit drauße im Ort gwouhnt. An aam vun dä nächste Deech is mei Muedder mit dem Sprengerlisrezept haamkumme.

's hat si grod gschickt, dass der Vadder zu gschäftliche Erledichunge nach Craalse gmießt hat. Der is no beuftrocht worre, die Zutate z'bsorche: feine Zucker, Enes, Herschhornsolz und Nullnullmehl, was er z'bsorche versproche hat, obwoll er ke Sießer gwe is.

Am ä Owed is no 's Daachmache bo spärlicher Erdeilbeleichting ougange. Der Diesch is in d'Nähe vom Oufe grickt worre, und i, wu doch ganz gnab derbei sei hob miesse, bin voller Spanning ufm Stuhl kniebt, dass mer jo nix von dem wichtiche Vorgang nausgange is. Vor dem Herschhornsolz how i ä rechts Graue ghot, wall mers vorher als ä ganz gfährlicher Kerl bschriewe worre is und dass mer's norr messerspitzweis in Daach neidue därf.

Jetz is der Daach ferdi gwe zun Auswerchle. Die Erwarting! D'Muedder hat ä viereckets Brietle ausgwickelt: do druf san allerhand Figure eigschniede gwe. Den Moudl hat sie a von der Ruperti gliehe kriecht. Wie 's bo der Muedder no guet klappt hat, how i a ä boormol drufdricke därfe. Was do 'rauskumme is! Ä Vouchl, ä Schäfle, ä Pflanze – und den verde Gechestand waaß i nimmi. Mit am Messer san die anzelne Daachbilder ausgschniede worre. No is 's Backbleech mit Fett gschtriche und mit Enes bestreit worre, und no hat s'die Sprengerli neigsetzt.

Backe hat mer s'erscht am andere Vormiddooch kennt, und zwor erscht nachm Broetbacke. Zum erschdemol is sou ebbes in den staaniche Backoufe, wu an den uförmiche Herd noubaut gwe is, neigschouwe worre. Nachm Eischieße hat d'Muedder Sorch ghot, ob die Bretli a schäni Fießli krieche. I hobb mer do drunder kä rechdi Vorstelling mache kenne, hobb awer mei Muedder doch beruhiche miesse. Mei Neigier is awer immer gräßer worre, und efter hat d'Muedder 's Backoufediele an Spalt weit ufmache miesse, wall 's der noseweis Bue nimmi verwarde hat kenne. Do derzu hat 's Vierfeier g'leicht. Z'letscht hat mer die guet Muedder halt doch nimmi gfolcht, wall 's Serch ghot hat, die Bretli kennte nohocke. Endli, endli hat s' 's erscht Bleech rauszouche. Sie is ganz glickli gwe: die Sprengerle san ufgange gwe und hewe des erwart't vorquolli Fießle ghot. Der erscht Erfolg hat si a fer mi rentiert: ä boor Sprengerli, wu z'gnab am Vierfeier gwe san, hewe brau ausgseche und die san fer mi ogfalle.

Am Christdooch is an jedem Dieschplatz ä Deller mit Springerli und Epfl gschtande. Des is sellemol außer em Christbaam 's ganz Weihnachtsgschenk gwe 's is uwer doch ä reecht haamelichs Feescht gwe. Derzue is tiefer Schnü gleche, im Oufe hat's Stouckhoulz kracht, und der frischgsandelt Stuweboude hat feschtli knerscht. Im andere Johr san erschtmols Ausstecherli backe worre.«

*(Friedrich Gutöhrlein,
Frankenspiegel, 5. Dez. 1964,
Kreisarchiv Schwäbisch Hall)*

Zuckerdockele (Einzahl) – Zuckerdockelich (Mehrzahl)

Die »gebackenen Bilder«, das zeigen uns auch die vielfältigen, symbolträchtigen Model der alten Springerle, wurden einst zu allen festlichen Anlässen hergestellt und verschenkt. Ob Ostern oder Weihnachten, von den Paten durften die Kinder immer etwas Süßes erwarten. Es war lange üblich, dass die »Dote« oder der »Dot« ihren Patenkindern, den »Dötle«, prächtige Springerle verschenkten; »Docken« (Docke ist ein altes Wort für Puppe), Reiter oder einen eleganten Kavalier, meist bemalt und vom Konditor gebacken. Voll Freude suchten die Kinder ihre Paten auf, um diese »Zuckerdockelich« entgegenzunehmen. Jeden Tag knapperten sie nur ein wenig daran, um möglichst lange den süßen Genuss zu haben. Für Kinder, die keine Springerle bekamen, waren schließlich auch die einfachen Brötle etwas Besonderes, es waren ihre »Zuckerdockelich«. Ob im Jagsttal oder in Schrozberg, da wie dort hört man heute noch die Bezeichnung »Zuckerdockelich«, wenn vom Weihnachtsgebäck die Rede ist.

Lebkuchen, Honig- oder Pfefferkuchen

Die ersten Lebkuchen sollen aus den Klöstern gekommen sein. Bereits im 14. Jahrhundert gab es Zünfte der Lebküchner oder Lebzelter, die dann auch als Wachszieher tätig waren. Mitunter wurde der in der damaligen Zeit aus Honig, Mehl, Eiern, Mandeln und besonderen Gewürzen nach geheimgehaltenen Rezepturen hergestellte Teig monatelang vor dem Backen angesetzt und zum Durchgären gelagert. Die Lebküchner formten den Teig mittels

Damit die Springerle gelingen, also Füßle bekommen, muss jeder Arbeitsgang sorgfältig ausgeführt werden.

Springerle, die »gebackenen Bilder«, waren die beliebten und begehrten »Zuckerdoggelich« der Kinder. So prächtig bemalt kamen sie meist vom Konditor.

Springerle auf Lebkuchen

Sorgfältig werden die Springerle bemalt.

kunstvoll geschnittener Model. Es gehörte zu ihrem Beruf, diese Model selbst herzustellen. Das Gebäck blieb der teuren Zutaten wegen den Wohlhabenden vorbehalten.

Im 18. und 19. Jahrhundert, als nach und nach das Lebkuchenbacken auch in Privathaushalten übernommen werden konnte, vereinfachten sich die Formen und auch die Rezepte. Aus dem Teig wurden Figuren wie Herzen, Männchen und Pferdchen geschnitten, diese mit Zucker- oder Schokoladenguss überzogen, mit Mandeln oder anderen Zutaten verziert, bemalt, später auch mit Bildern, den sogenannten Oblaten, beklebt. Pfefferkuchen nennt man die Lebkuchen deshalb, weil im Mittelalter alle kostbaren orientalischen Gewürze mit dem Begriff »Pfeffer« bezeichnet wurden. Unser Sprichwort von den »gepfefferten Preisen« rührt vom Handel mit Pfeffer und anderen teuren Gewürzen her. Die bis heute beliebten Lebkuchenhäuschen wurden gegen Ende des 19. Jahrhunderts zuerst in städtischen Haushalten als Kinderüberraschung aufgestellt. Manche Familien halten es heute noch so.

𝔓𝔯𝔦𝔳𝔞𝔱=𝔄𝔫𝔷𝔢𝔦𝔤𝔢𝔫.
𝔥𝔞𝔩𝔩.
𝔉ür 𝔚𝔢𝔦𝔥𝔫𝔞𝔠𝔥𝔱𝔢𝔫.
𝔍𝔲𝔠𝔨𝔢𝔯 𝔤𝔢𝔰𝔱𝔬ß𝔢𝔫,
𝔐𝔞𝔫𝔡𝔢𝔩𝔫, 𝔰üß𝔢 𝔲𝔫𝔡 𝔟𝔦𝔱𝔱𝔢𝔯𝔢,
𝔠𝔦𝔱𝔯𝔬𝔫𝔞𝔱 𝔲𝔫𝔡 𝔓𝔬𝔪𝔪𝔢𝔯𝔞𝔫𝔷𝔢𝔫𝔰𝔠𝔥𝔞𝔞𝔩𝔢𝔫,
𝔎𝔞𝔭𝔭𝔢𝔫𝔥𝔬𝔫𝔦𝔤 } 𝔣𝔢𝔰𝔱 𝔲𝔫𝔡 𝔨ö𝔯𝔫𝔦𝔤,
𝔏𝔞𝔫𝔡𝔥𝔬𝔫𝔦𝔤 }
𝔉𝔢𝔦𝔤𝔢𝔫, 𝔎𝔬𝔰𝔦𝔫𝔢𝔫, ℨ𝔦𝔟𝔢𝔟𝔢𝔫, 𝔖𝔲𝔱𝔱𝔞𝔫𝔦𝔫𝔢𝔫, 𝔠𝔦𝔱𝔯𝔬𝔫𝔢𝔫, 𝔒𝔯𝔞𝔫𝔤𝔢𝔫 𝔲𝔫𝔡 𝔥𝔞ß𝔢𝔩𝔫ü𝔰𝔰𝔢, 𝔞𝔩𝔩𝔢 𝔖𝔬𝔯𝔱𝔢𝔫 𝔊𝔢𝔴ü𝔯𝔷𝔢, 𝔤𝔞𝔫𝔷 𝔲𝔫𝔡 𝔯𝔢𝔦𝔫 𝔤𝔢-𝔰𝔱𝔬ß𝔢𝔫, 𝔤𝔢𝔱𝔯𝔬𝔠𝔨𝔫𝔢𝔱𝔢𝔰 𝔖𝔭𝔯𝔦𝔫𝔤𝔢𝔯𝔩𝔢𝔰𝔪𝔢𝔥𝔩, 𝔅𝔞𝔠𝔨-𝔬𝔟𝔩𝔞𝔱𝔢𝔫, 𝔰𝔬𝔴𝔦𝔢 𝔞𝔩𝔩𝔢 𝔷𝔲𝔪 𝔅𝔞𝔠𝔨𝔢𝔫 𝔫ö𝔱𝔥𝔦𝔤𝔢𝔫 𝔄𝔯𝔱𝔦𝔨𝔢𝔩, 𝔢𝔪𝔭𝔣𝔦𝔢𝔥𝔩𝔱 𝔷𝔲 𝔡𝔢𝔫 𝔟𝔦𝔩𝔩𝔦𝔤𝔰𝔱𝔢𝔫 𝔓𝔯𝔢𝔦-𝔰𝔢𝔫. 𝔈. 𝔎ü𝔪𝔪𝔢𝔯𝔩𝔢𝔫. [2124

Haller Tagblatt, Montag, den 15. Dezember 1862, Nro. 289

Manche Mütter oder Großmütter überraschen ihre Kleinen mit einem selbst gefertigten Lebkuchenhaus.

Sankt Nikolaus – Wirklichkeit oder Legende?

Wer ist er und warum kommt er, der Nikolaus, der Bote des Advents? Ein Heiliger für die einen, der Weihnachtsmann für die anderen; Gabenbringer für die Kinder, Werbeträger für die Geschäftswelt. Wer diese populäre Gestalt der Vorweihnachtszeit wirklich war und weshalb unser Nikolaus zum Gabenbringer am 6. Dezember wurde, hat vielfältige Hintergründe mit verwirrenden Brauchformen in Kult, Folklore und Kommerz. Viele Legenden ranken sich um seine Person. Es gibt nur wenig historisches Material, das seine Lebensgeschichte einfach erfassen ließe. Vielleicht ist dies der Grund dafür, dass sich bis heute namhafte Wissenschaftler für die legendäre Gestalt interessieren und umfassende Werke über den seit eineinhalb Jahrtausenden fortlebenden Nikolauskult schreiben.

Die Gestalt des heiligen Nikolaus

»Man vermutet, dass sich unter seinem Namen zwei Persönlichkeiten verbergen, die später miteinander verschmolzen wurden: ein Bischof von Myra in Kleinasien, geboren möglicherweise zwischen 270 und 280 in Patara in Lykien, und Abt Nikolaus von Sion, der Bischof von Pinora war und am 10. Dezember 564 starb. Aus der Gleichsetzung dieser beiden Heiligen erwuchs offenbar die Gestalt des wundertätigen Bischofs Nikolaus von Myra, dessen Kult zwischen dem 6. und 9. Jahrhundert im Byzantinischen Reich eine große Rolle spielte.« (Moser S. 37). Die Nikolausverehrung begann demnach in der Ostkirche und verbreitete sich unter dem Einfluss der Kreuzzüge rasch auch in der Westkirche.»Die Vermutung der Mythologenschulen des 19. Jahrhunderts, dass in den Nikolausbräuchen ältere, vorchristlich-heidnische Bräuche fortleben, hat sich ausnahmslos als unbegründet herausgestellt.« (Moser S. 37).

Zahlreiche Kirchen und Kapellen tragen seinen Namen. Ganze Berufsstände wie die der Schiffer, Küfer, Schneider, Weber und viele andere erwählten ihn als Patron. Vor allem gilt er als Schutzheiliger der Kinder und Schüler. Trotz der Verschmelzung zweier Personen zu einem gedachten Wesen erfuhr die Nikolausgestalt besonders bei den Menschen des Hoch- und Spätmittelalters eine so hohe Wertschätzung, dass sie ein optisches Erscheinungsbild eines begnadeten Heiligen formten und auch in der Kunst darstellten (Mezger S. 11). Ausgangspunkt der Brauchgestaltung waren im 13. und 14. Jahrhundert die Klosterschulen mit den Knabenbischofsfesten. Mit der Kultausbreitung gehen die unterschiedlichsten Legenden einher.

Von der Legende zum Brauch

Auf einem spätgotischen Altarbild im Münster zu Rottweil wird die Jungfrauenlegende anschaulich dargestellt. Im Abendland hat diese Legende große Bedeutung erlangt. Seit dem 11. Jahrhundert ist sie im deutschsprachigen Raum bekannt.»Ein vornehmer, aber völlig verarmter Mann will seine Töchter, die er nicht ebenbürtig verheiraten kann, der Prostitution preisgeben, um so seinen und ihren Lebensunterhalt zu bestreiten. Der junge Nikolaus, eben Erbe eines großen Vermögens geworden, hört davon und wirft dreimal des Nachts einen Beutel voll Gold in das Haus des Verarmten, so dass die drei Töchter nun standesgemäß verheiratet werden können. Das dritte

Mal holt der Vater den enteilenden Wohltäter ein und dankt ihm unter Tränen.« (Moser S. 41). Von dieser Legende soll vor allem der Bescherbrauch am Nikolaustag herrühren. Am häufigsten wird der heilige Nikolaus mit drei Goldkugeln dargestellt.

Nach einer Legende, die von der Stillung eines Seesturms handelt, wurde Nikolaus zum Patron der Schiffsleute, Reisenden und Fischer ernannt. Viele Abbildungen zeigen den Heiligen im Boot. In allen bedeutenden Hafenstädten Europas gibt es Nikolaus- beziehungsweise Nikolai-Kirchen. Möglicherweise sind die Schiffchen, die bei uns als Festtagsgebäck zum Martinstag bekannt sind, also die »Martinsschiffle«, mit dem Nikolaus-Patronat der Schiffer in Zusammenhang zu bringen. Denn in unseren evangelischen Landesteilen tauchen Mischformen von Bräuchen um Sankt Nikolaus und Sankt Martin auf.

Die Legende einer Kornvermehrung machte Sankt Nikolaus zum Patron der Kaufleute und Getreidehändler, der Bäcker (sie stellten die festtagsbezogenen Gebildbrote her) und der Armen.

Von einer Legende um die Erweckung eines Knaben und dem im Hinterhalt lauernden Teufel soll sich die Rolle der teuflischen Spielbegleiter und Kinderschreckfiguren ableiten, die zusammen mit Sankt Nikolaus erscheinen.

Die wichtigste Legende, die Geschichte des Wunders von den getöteten und wieder auferweckten Schülern, wird seit dem Hochmittelalter erzählt:»Zwei vornehme und gut betuchte Scholaren, die eine erhebliche Barschaft bei sich hatten, kamen auf der Reise nach Athen, wo sie Philosophie zu studieren beabsichtigten, in das Land, in welchem der heilige Nikolaus als Bischof wirkte; ihn wollten sie nämlich zuerst noch sehen, um sich seinem Gebet anzuvertrauen. Als nun ein Gastwirt, der sie beherbergte, ihren Reichtum bemerkte, brachte er, vom bösen Geist besessen, die beiden kurzerhand um, zerstückelte sie und legte, genauso wie man es beim Schweineschlachten macht, die Fleischbrocken in ein Salzfass ein. Sankt Nikolaus, der von dem Verbrechen durch einen Engel erfuhr, eilte daraufhin sofort ins Haus des Wirts und sagte diesem die Tat auf den Kopf zu. Nach heftigen Vorwürfen (gegen den Mörder) erweckte der Heilige schließlich durch seine Fürbitte bei Gott die Knaben wieder zum Leben.« (Mezger S. 95) Diese Wundertat machte Sankt Nikolaus europaweit zum Beschützer der Jugend und zum bedeutendsten Patron der Kinder.

Nikolaus, komm in unser Haus

»Am Nikolaustag, 6. Dezember, besuchte früher der Nikolaus die Familien mit kleinen Kindern. Wenn die Eltern bestätigen konnten, dass die Kinder artig waren, und wenn die Kinder ihre Gebete schön aufsagen konnten, gab's für die Kleinen Nüsse, Obst und Süßigkeiten. Kleinen Missetätern und Querköpfen redete der Nikolaus ernstlich ins Gewissen und drohte mit einer Birkenrute. Seit zwanzig Jahren ist der Brauch ausgestorben. Nur noch bei Vereinsfeiern, in der Kinderschule oder auf Bestellung tritt ein Nikolaus in Erscheinung.« (Erwin Weiß, Ortschronik Erlenbach-Binswangen, 1986)

Sankt Nikolaus, leg mir ein,
was dein guter Wille mag sein,
Apfel, Nuss und Mandelkern
essen brave Kinder gern.

(Kindervers)

Ehe Weihnachten beziehungsweise Heiligabend zum Bescherfest wurde, brachte fast überall Sankt Nikolaus in Gestalt eines Bischofs die Geschenke für die Kinder. Nikolaus als unsichtbarer nächtlicher Gabenbringer ist von Norden nach Süden überliefert. Die Kinder stellen am Vorabend des Nikolaustages Schuhe, Strümpfe, Teller oder Schüsseln aus, die am Morgen mit Äpfel, Nüssen, Gebäck und Süßigkeiten angefüllt waren. Als Gegengabe bekam der Schimmel, auf dem der Heilige geritten kam, Heu und Hafer.

Nikolaus, komm in unser Haus
pack deine große Tasche aus,
setz den Schimmel untern Tisch,
dass er Heu und Hafer frisst.
Heu und Hafer frisst er nicht,
Zuckerbrezeln kriegt er nicht.
Nikolaus komm, mach mich fromm,
dass ich in den Himmel komm!
(Kindervers)

Bereits im Mittelalter war es Brauch, in den Fastenwochen vor den großen Festterminen Ostern und Weihnachten die Kinder in Glaubensfragen zu unterweisen. Die Eltern hielten ganz besonders in der Adventsfastenzeit ihre Kinder an, eifrig zu lernen, zu beten und Gutes zu tun mit dem Versprechen, vom Nikolaus dann auch beschenkt zu werden. Es war in der Zeit der Gegenreformation, als die Katholiken den Heiligen Nikolaus zur zentralen Figur der Adventspädagogik erhoben. Man wählte den Gedenktag des Heiligen, den 6. Dezember, von dem man annimmt, dass es sein Todestag war, um die Kenntnisse der Kinder zu prüfen, sie je nach Leistung zu belohnen oder zu bestrafen. »Landauf, landab wurden deshalb, der liturgischen Vorgabe im Gleichnis von den Talenten folgend, seit dem frühen 17. Jahrhundert Spiele eingeführt, bei denen der Bischof Nikolaus mit seinen Begleitern auftrat, mit Engeln und Teufeln, um diese Prüfung vorzunehmen.« (Moser S. 44).

Nur selten trifft man noch auf einen Nikolaus in Gestalt eines Bischofs.

Der »Heilige« in der Schule

»Eines Tages im Advent sagte die Lehrerin: ›Kinder, morgen kommt der Nikolaus in die Schule‹. Wir freuten uns, weil wir erwarteten, dass er uns etwas zum Naschen mitbringen würde. Ein Gebetchen oder einen Liedvers zum Aufsagen hatten wir vorsorglich schon eingeübt.

Er kam und sah sehr würdevoll aus im Habit eines Bischofs, mit Mitra und Krummstab, weißen Handschuhen, die die Hände verhüllten. Der lange weiße Backenbart war sehr gepflegt. Im goldbestickten Rauchmantel schritt er majestätisch auf uns zu, so, als hätte er eben eine feierliche Messe zelebriert. Nicht zu vergessen: das ›goldene Buch‹, in dem ja bekanntlich alle guten und bösen Taten aufgeschrieben waren.

Jedes Kind musste einzeln vortreten, auch ich. Jedes bekam Lob und Tadel zu hören, alles stand im ›goldenen Buch‹. Mit meinem Lob war ich zufrieden, beim Tadeln, so schien es mir, kam ich schlecht weg, weil Nikolaus mir vorhielt, dass es zu Hause immer wieder Ärger gab, wenn ich mich über kratzende Strümpfe beklagte, über ein Röckchen, das nicht saß, einen Pullover, der mir viel zu groß war.

Woher wusste dieser heilige Mann ausgerechnet von mir so private Dinge? Ich war beschämt, bloßgestellt vor der ganzen Klasse, wo ich doch in der Schule stets zu den Bravsten gehörte! Jeder ahnt woran das lag: hinter dem ›Heiligen‹ verbarg sich mein Vater.«

(Waldenburg, geschehen 1948, J. W.)

Die wilden Begleiter

Fast immer und überall hatte Sankt Nikolaus einen oder mehrere furchteinflößende teuflische Begleiter, die um ihn herum ihr Unwesen trieben. In Hohenlohe und im Raum Heilbronn nannte man solche ruppigen Gesellen Pelzmärte oder Schellenmärte, anderswo u. a. Knecht Ruprecht, Krampus, Pelznickel oder Hans Trapp, die alle etwas Teuflisches an sich hatten.

Viele wissen noch um die Angst, die sie als Kinder befiel, wenn das Rasseln und Poltern des Pelzmärte zu vernehmen war, wenn das Aussehen, die Sprechweise und die Requisiten, wie Ketten, Hörner, Schellen, Ruten und Sack, sie erschreckten.

So manche örtliche Obrigkeit hatte natürlich keine Freude an diesem wilden Umzugswesen in der vorweihnachtlichen Zeit. Doch Verbote blieben erfolglos. Katholiken ließen das wilde Toben und Maskieren eher zu. Gerne verbargen sich Jugendliche hin-

St. Nikolaus und der Pelzmärte kommen ins Haus

ter den Teufelsfiguren. In Verkleidung und Maskierung konnten sie eintauchen in eine ausgelassene Spielwelt, ähnlich der Fastnacht. Die Rolle des Teufels war im Spätmittelalter die von der Kirche durchaus gewollte Form der Verkleidung, weil so das Böse vor Augen geführt wurde, dem man sich im christlichen Leben zu widersetzen hatte. Nikolaus selbst trat als entschiedener Bekämpfer des Bösen auf, und so kam der Unterschied zwischen Gut und Böse augenfällig zum Ausdruck.

»Der Pelzmärte wurde wegen seiner Rute zwar mit Misstrauen und gewisser Scheu empfangen, bei befriedigender Haltung waren aber seine Schätze hoch willkommen. Kam jedoch der Pelzmärte nicht, so ersetzte die Mutter denselben. In einem Augenblick, als die Kinder sich stritten, schüttelte sie einen Korb voll Äpfel, Nüsse, Hutzel und Birnenschnitze in die Stube. Das gab ein Jagen und Balgen.«
(Kocher-Jagst-Bote, 29.12.1939, Stadtarchiv Heilbronn)

Ein Brauch wandelt sich

Die Bescherung an Weihnachten setzte sich nach der Reformation mehr und mehr durch. Nicht mehr am Tag Sankt Nikolaus, dem 6. Dezember, sondern am Weihnachtsfest sollten die Kinder beschenkt werden. Diese Regelung war ein Schritt zur Bekämpfung der katholischerseits geübten Heiligenverehrung. Von evangelischer Seite vermehrten sich daher die Verbote gegen den Gabenbringer Sankt Nikolaus. Es gelang den Protestanten, den heiligen Sankt Nikolaus zu »säkularisieren«. Damit begann aber ein wahres Verwirrspiel um Brauchfiguren und Geschenksitten. Teils wurde die Brauchfigur des Sankt Nikolaus durch den »heiligen Christ« ersetzt, teils wurde St. Nikolaus mit seinen »teuflischen« Begleitern identifiziert und umbenannt. Oft bildeten Sankt Nikolaus und das Christkind ein Figurenpaar. Die einen bescherten am Heiligen Abend, andere am ersten Weihnachtsfeiertag, während viele Katholiken lange beim traditionellen Brauch der Nikolausbescherung am 6. Dezember blieben.

In evangelischen Gebieten entwickelten sich nun eigene Adventsspiele und Umgänge, in denen eine weibliche Gestalt als »Christkind« erschien, das den Kindern die Katechismusfragen stellte. Spielformen dieser Art dienten gleichzeitig der frommen Verkündigung der Geburt Christi.

»Wie man sich nun den heiligen Christ, von dem Martin Luther immer wieder sprach, konkret vorzustellen hat, muss spekulativ bleiben. Zwar trat er als gedachte Figur und heimlicher Gabenbringer ohnehin meist nicht real in Erscheinung, wo er sich dennoch in persona zeigte, dürfte er wohl eine weiß verschleierte Gestalt gewesen sein. Keinesfalls war er identisch mit dem neugeborenen Erlöserkind in der Krippe; eher wird sein Vorbild in jenen spätmittelalterlichen Umzugsbräuchen zu suchen sein, in denen außer Maria und Joseph samt dem Jesuskind auch engelähnlich kostümierte Darsteller mitgingen, die ihrerseits von einem weißgewandeten Christkind angeführt wurden« (Mezger, S. 141)

Auch in unserer Region übernahm zu Weihnachten nun tatsächlich ein leibhaftiges »Christkind« das Bescherritual, das nicht überall »persönlich« einkehrte, oft »unsichtbar« blieb, meist aber auf Bestellung der Eltern zu den Kindern kam.

Wie Sankt Nikolaus, wurde auch das Christkind von einem oder gar mehreren rauen Gesellen als angsteinflößende Gestalt begleitet. Ob sie nun Knecht Ruprecht, Krampus, Hullefra (eine weibliche Schreckgestalt im Raum Bad Mergentheit), Bouzemärtel, Pelzmärte oder Schellenmärte genannt sind, sie alle hatten die Aufgabe, die Kinder zu erschrecken, sie zu bestrafen und sich drohend zu gebärden, während das Christkind sanft und gütig, lobend und Geschenke verteilend erschien. Einige Kindheitserinnerungen an das Christkind und den Pelzmärte sind im Kapitel »Heiliger Abend« festgehalten.

Die Katholiken hielten noch lange an ihren Nikolausspielen fest, wie aus einem Typoskript von Gertrud Morche, Berlichingen 1949, hervorgeht: »Der 6. Dezember, der Nikolaustag, wird von den Kindern sehnlichst erwartet. Im Gedenken an den freigebigen und gütigen Bischof von Myra, der im 4. Jahrhundert lebte, geht am Vorabend Sankt Nikolaus im Bischofsgewand von Haus zu Haus, prüft die Kinder, ob sie beten und singen können, lobt die Guten, tadelt die Faulen und teilt Äpfel, Nüsse, Hutzeln, Plätzli, Brötli und Lebkuchen aus. In seiner Begleitung ist der Pelzmertel, die Teufelsgestalt (in den östlichen Ländern Krampus genannt), die den bösen Geist versinnbildlicht. Mit seinen Ketten rasselnd schreckt er die Kinder und teilt mit seiner Rute den Unfolgsamen Schläge aus.«

Im Erziehungsprogramm katholischer Familien spielte also Sankt Nikolaus in den vierziger und fünfziger Jahren durchaus noch eine Rolle. Doch auch in reformierten Gebieten hielten sich trotz aller Gegenmaßnahmen der Protestanten die traditionellen Brauchelemente mit dem Nikolaus. In veränderter Form nahm hier nun der Pelzmärte oder Schellenmärte, ein »verballhornter Sankt Martin«, wie Mezger sagt, das Christkind auf seine Umzüge mit. Ihr gemeinsamer Auftritt fand dann am Heiligen Abend statt.

Wie kommt der »Pelzmärte« zu seinem Namen?

Werner Mezger erklärt dies so: »[...] im südlichen und mittleren Schwarzwald tritt am 5./6. Dezember als Brauchgestalt der Nikolaus auf, während in Ostschwaben und den nördlich anschließenden fränkischen Regionen statt des Bischofs von Myra tra-

Walter Hampele, Schwäbisch Hall, erinnert sich an die dörfliche Welt in Westheim der Jahre 1932 bis 1938: »[...] Früh hatte man die Arbeit im Stall abgeschlossen und saß dann um den Küchentisch bei dem sehr einfachen Nachtessen. Es gab immer geschmelzte Wassersuppe und Kartoffeln und Salz. Aber in der Stube duftete ja schon das Hutzelbrot unter dem buntgeschmückten Christbaum. Doch vor der Pforte zum Kinderparadies des brennenden Christbaums stand der Belzmärte. Mit wildem Bart, umgehängten Pferde- und Kuhglocken und einem langen Stock drang er in Haus und Küche, verlangte Rechenschaft über ein ganzes Jahr an Kindersünden, drohte und schlug nicht nur mit dem Stock, sondern packte uns auch in den Sack, wenn er übel gelaunt war oder wir unsere Sprüche nicht schnell genug sagen konnten. In größter Not griff dann seine Begleiterin, das engelweiß gekleidete und verschleierte Christkindle ein, errettete uns vor der Deportation in die gefürchtete tiefe Klinge im Wald und machte den Schreck mit Nüssen wieder gut. Den rauen ›Belzmärte‹ hatte inzwischen ein Schluck hausgebrannter Schnaps und ein Hutzelbrot beruhigt.«

(Schwäbische Heimat, Heft 4/1984).

ditionell am 10./11. November der heilige Martin als Bescherfigur fungiert. [...] Terminlich losgelöst von den Festen der genannten Heiligen tritt teilweise noch bis heute zwischen dem 11. November und Weihnachten eine vermummte Gestalt in Erscheinung, die sich Pelz-, Nuss-, Rollen- oder Schellenmärte nennen. Dass der Name dieser Zwitterfigur mit ›Märte‹ an Martinus und nicht an Nikolaus anknüpft, war aus evangelischer Sicht geradezu zwingend. [...], zumal die bräuchliche Begehung des Martinstags gleichzeitig an den Geburts- und Namenstag (11.11.) von Martin Luther erinnert.« (Mezger, S. 197)

Der Weihnachtsmann

Der Weihnachtsmann ist, losgelöst vom kirchlichen Brauch, eine Erscheinung des 19. Jahrhunderts, der zur Weihnachtszeit als gutmütiger Gabenbringer kommt. Er wird entweder als Schreckgestalt mit Rute und Sack dargestellt, oder – und das ist das heute geläufige Bild – er tritt in einem roten Kapuzenmantel, pelzverbrämt, mit langem weißen Bart, auf. In protestantischen Landen gewann der Weihnachtsmann rasch an Popularität, während sich in katholischen Gebieten Sankt Nikolaus mit Krummstab und Mitra, also im Bischofsgewand, länger behauptete. Durch die Schriften von Hoffmann von Fallersleben um 1837 wurde der Weihnachtsmann populär. »Der Grund liegt auf der Hand: Was in der katholischen Tradition seinen guten Sinn, seine feste Funktion gehabt hatte und behielt, wurde in der evangelischen mit Entschiedenheit abgelehnt. Aus dieser Situation ergab sich mit einer gewissen Zwangsläufigkeit jene Reduzierung der Brauchfigur, die sich an der Gestalt des Weihnachtsmannes mühelos ablesen lässt.« (Moser, S. 57)

Nicht zu übersehen ist seine Vermarktung, unüberschaubar das Angebot an Schokoladennikoläusen in Süßwarenregalen. Während wir uns auf Weihnachten vorbereiten, tauchen massenweise Weihnachtsmänner auf. Sie erscheinen auf den Bildschirmen, zeigen sich auf Straßen und Märkten, sind in Werbeprospekten, Zeitungen und auf Postkarten abgebildet, die Nikoläuse in rot und weiß, die für die Geschäftswelt den ganzen Advent über im Einsatz sind.

Er kommt noch, der Nikolaus

Ja, er kommt noch, der Heilige Nikolaus. Er kommt als Weihnachtsmann oder als Bischof, er kommt mit Knecht Ruprecht oder dem Pelzmärte. Er kommt auf Bestellung in die Familien, in die Vereine; zu den einen in den ersten Dezembertagen, zu anderen am Heiligen Abend. Er ist unterwegs zu uns im Advent.

Wer immer er auch gewesen sein mag, unser guter alter Nikolaus ist ein Held, der seine Größe bewahrt hat. Ein Held, dem es auf dem langen Weg seiner wechselvollen Geschichte immer wieder gelingt, die Herzen der Kinder zu erobern. Ja, ein Held, geliebt und unvergessen seine Geschichte zu unserer Geschichte gemacht hat.

Geliebte Adventsbasteleien

Ein Klausenbaum wie dieser ist als stimmungsvoller Adventsschmuck leicht herzustellen.

Das Fach »Werken« kannte ich in meiner Schulzeit (1944–1952) nicht. Wir Mädchen hatten schlicht und einfach »Handarbeit«, also Handarbeitsunterricht, der mit praktischen Dingen wie Häkeln, Stricken und Nähen zu tun hatte.

Basteln in der Schule wäre verschwendete Zeit und verschwendetes Geld gewesen. Umso mehr bastelten wir zu Hause. Unser Material fanden wir in der Natur oder auf den Schuttplätzen unserer zertrümmerten Häuser. Wir fanden Leitungskabel, die innen eine gebündelte Anzahl wunderbar glänzender Kupferdrähtchen freigaben, wenn wir die gummiartige Umhüllung lösten. Da lagen von den Flugzeugen abgeworfene Silberstreifen, buntes Glas aus den zerbrochenen Kirchenfenstern, Konservendosen, die vom Proviant der Amerikaner stammten, rostige Nägel und noch viel Brauchbares mehr. Damit konnten wir schon allerhand anfangen, und angekohltes Holz oder rote Ziegelbrocken eigneten sich gut zum Aufmalen von Spielfeldern. Der Kreativität waren keine Grenzen gesetzt. Kein Kind dachte an käufliches Bastelmaterial, obwohl ein praktischer Klebstoff manchmal sehr nützlich gewesen wäre, weil mit Mehlpapp doch nichts so recht halten wollte. In der Adventszeit konnten wir mit Äpfeln, Nüssen und Tannenreisig die Wohnung vorweihnachtlich zieren, Apfelnikoläuse und Hutzelmännchen aufstellen. In den fünfziger Jahren wurde dann alles besser. Die Barackenwohnungen waren abgebrochen, alle Familien wohnten wieder in festen Häusern und Weihnachten bekam wieder mehr Glanz mit neuem Christbaumschmuck und Wunderkerzen, mit neuen Kleidern, Spielzeug und anderen Geschenken.

An Weihnachten 1952 lag, inzwischen war ich 15 geworden, für meine Schwester und mich das »Werkbuch für Mädchen« von Ruth Zechlin unterm Weihnachtsbaum, ein Geschenk unserer Tante Helene, weil sie wusste, wie gerne wir bastelten. Es war das erste und einzige Bastelbuch meines Lebens, in dem ich mir heute, nach fünfzig Jahren, noch Anleitungen für geliebte Basteleien hole. Und in der Vorweihnachtszeit erinnere ich mich wieder an den Klausenbaum meiner Mädchenzeit, bastle wie damals aus Haselruten, Äpfeln und Tannengrün nach Ruth Zechlins »Werkbuch für Mädchen« meinen Klausenbaum für den Advent.

(J. W.)

**Als die Kinder in Amrichshausen die Engel selber bastelten –
Wachs aus der Sakristei**

»*Früher, als es noch andere Winter gab und es zu Simon Judae bereits die Schneeflocken über die Felder trieb, freuten sich die Kinder in Amrichshausen lang vor Weihnachten auf das Engelemachen am letzten Schultag vor den Ferien und dem Ende des Jahres 1962.*

Und weil auch der Weihnachtsschmuck seine Mode in seiner Zeit hat, wurde in der Lehrerfortbildung das Material Holzspan mit seiner Leuchtkraft in der vielfältigen Maserung neu entdeckt. Das Material war da, und die Produktion mit den vollzählig anwesenden Kindern lief an. Die Spanstreifen wurden gemessen, geschnitten, geklebt, Eckle auf Eckle, Kante auf Kante. Geplant war die Arbeit nur für die Mädchen der Klasse eins bis neun. Doch weil einige Buben sich als Wachsstummelbeschaffer für die Engelsköpfe verdient gemacht hatten, wurde ihre Anwesenheit geduldet.

Auf geheimnisvolle Weise vermehrten sich plötzlich nicht nur die Wachsstummel, sondern auch die Buben, weil sie doch zum Wachskneten kräftigere Hände hatten als die Mädchen. Das Klassenzimmer war überfüllt. Die Hände und Köpfe wurden heiß, und vom Atem der ganzen Dorfkinderschar liefen die Fensterscheiben an bis oben hin. Dazu kam die schreckliche Feststellung: Das Wachs reicht nicht! Jedes Kind hatte einen Engel in der Fertigung, doch einige mussten ohne Kopf bleiben. Eine Verlosung sollte die benachteiligten Besitzer ermitteln.

Plötzlich ein Schrei! ›*Wir steigen ein in d' Sakristei!*‹ *Gar zu genau wussten die Ministranten, wie man das macht und wo sich der Pfarrer zur Stunde aufhielt. Sie wussten auch, dass er die Kerzen nicht gezählt hatte, die sofort das reinste Weiß in den Engelsköpfen ergaben. Und als Entschädigung sollten alle Engel zur Christmette in der Kirche aufgestellt werden.*«

(Liesel Leicht, Künzelsau, Hohenloher Zeitung, 29.12.2000, gekürzte Fassung)

Das »Anklöpferle« in den Klopfnächten

Ein weiterer Höhepunkt in der Vorweihnachtszeit vergangener Kindertage war das »Anklöpferle«, wie man hier liebevoll sagt, wenn von den Klopfnächten die Rede ist. Gemeint sind die letzten zwei, meist drei, Donnerstage vor Weihnachten. Donnerstage wurden von alters her für glücksbringende Tage gehalten. »Klopft an, so wird euch aufgetan«, mit diesem Bibelwort als Hinweis auf die Herbergssuche und den nahenden Erlöser erklärte einst die Geistlichkeit den Sinn der Klopfnächte. Der Brauch soll aus dem Adventssingen der Kinder zur Ankündigung und Vorbereitung auf die Weihnachtszeit hervorgegangen sein. Als Gegengabe für ihre Gesänge und Verse bekamen die Kinder Obst, Gebäck und ein wenig Geld.

Im 1534 verfassten »Weltbuch« des Sebastian Franck gibt es schon eine Beschreibung dieses Verkündigungsbrauches im Advent. Dort steht, dass an den drei Donnerstagen vor Weihnachten Knaben und Mädchen von Haus zu Haus gehen, an die Türen klopfen, um die Geburt Christi zu verkünden und den Bewohnern ein »glückliches Jahr« und »gut Heil« zu wünschen. Sie erhielten als Belohnung Äpfel, Birnen, Nüsse und Pfennige.

Jetzt kommt die heilige Weihnachtszeit,
die macht uns eine große Freud;
gebt uns doch nur ein klein Geschenk,
dass Jesus Christus an euch denk!

»Jetzt bitt i um a Äpfele«

Dass es den Kindern bei den Adventsumzügen nicht so sehr um die Ankündigung der Geburt Christi ging und dass sie ihre Umzüge eher spielerisch begriffen, hören wir aus einer Vielzahl häufig sicher selbst zusammengereimter Sprüchlein. Der Wunsch, in ihre

Lebkuchen Ausstecherle und Hutzeln (Dörrobst)
waren auf den Umgängen im Advent die süßen Sammelergebnisse.

Gottlob Haag erzählt sehr eindrucksvoll, wie er das »Anklöpferle« in seiner Kindheit und in seinem Heimatort Wildentierbach (bei Niederstetten) erlebte: »*Wichtige Tage waren für uns Kinder die beiden dem ersten Advent folgenden Donnerstage, an denen wir uns zum ›Ouklöpferle‹ auf den Weg machten. Wenn es am Abend anfing zu dämmern, machten wir unsere Runde durchs Dorf. Meist waren wir zu fünft oder zu sechst und besuchten vor allem die vertrauten Häuser der wohlhabenden Bauern. Dort traten wir in den Hausflur, stellten uns im Halbkreis auf und warteten bis die Bäuerin aus der Küche kam. Vor ihr sagten wir unser ›Ouklöpferliverschli‹ auf. Einige von ihnen seien nachfolgend zitiert:*

*Ouklopferle Hämmerle, 's Brot leiit im Kämmerle,
's Messer leiit drneewe, sellt uns ebbes geewe:
Epfl raus! Biere raus! Gäehn mer neii e anders Haus.*

oder

*Klopf ou! Klopf ou, d'Baiieri hat en schäene Mou,
und e boer schäene Kind hat's a,
d'Baiieri is a guedi Fraa.*

oder

*Drei Roese, drei Roese, diee waxe uff an Schtengel:
Die Fraa is schäe, dr Mou is goud und d'Kind,
diee sann wie Engel.*

Dies waren für uns die gebräuchlichsten Verse, die wir beim Anklopfen aufsagten. Gewiss gab es deren noch mehr, die uns aber nicht geläufig waren. Hatten wir unseren Vers aufgesagt, hielten wir unsere Säckchen auf, die wir mit uns führten und bekamen Hutzeln, Nüsse, Zuckerle, Weihnachtsgebäck und manchmal auch ein paar Äpfel oder Birnen. Wir wussten sehr gut in welche Häuser wir gehen konnten und auch etwas bekamen. Bei manchen der großen Bauern brauchten wir es erst gar nicht versuchen ins Haus zu kommen, vor allem wenn sie einen Hofhund an der Kette hatten, den sie bei derartigen Anlässen besonders lang anbanden.

Den Kindern der großen Bauern war es von ihren Eltern sowieso verboten beim Anklöpferle mit uns durchs Dorf zu gehen, weil sie dies, wie sie sagten, gar nicht nötig hätten. So war also auch dieser alte Heischebrauch bei manchem im Dorf nur ungern gesehen und viele sprachen sogar von Bettelei. Dies kam wohl daher, weil das ›Anklopfen‹ schon in früheren Zeiten verpönt war und sogar in manchen Orten im Hohenlohischen polizeilich verboten war.«

(Gottlob Haag: »Und manchmal krähte der Wetterhahn«, Bergatreute: Eppe, 1992)

Die Kinder gehen heute kaum noch zum »Anklöpferle-Singen«.

vorgehaltenen Körbchen oder Säckchen Naschereien gefüllt zu bekommen, war offenkundig.

*Hoche Fenschter, lange Scheiwa,
drinna wohnu bruve Leida (Leute).
Jetzt bitt i um a Äpfele, jetzt bitt i um a
[Nuss,
de Bauer gibt de Bäuere an rechta schiana
[Kuss.*

oder

*Heit isch die Heilige Nacht,
i hob ghärt ihr hewet gschlacht
un hebbt sou viel Wärschtlich gmacht.
So gebt mr doch die lange,
un lasst die korza hanga.*

oder

*Kloane Bierlich, Bitzelich drou,
d'Schmiedsbas hat de schönschte Mou.*

Und wem gar kein passendes Verslein einfallen wollte, der hielt es wie Otto Borst: »[...] ich weiß auch, dass ich mit meiner Gruppe, es kam uns ja sehr auf die Weihnachtsgutsle an, in Ermangelung anderen einschlägigen Liedmaterials kräftig und entschlossen ›Tirol, Tirol‹, angestimmt habe, irgendwie kam mir das auch weihnachtlich vor, ›Der Mensch lebt nur einmal, und dann nicht mehr‹.« (Aus: Waldenburg – Wandel und Dauer, Vortrag von Prof. Otto Borst, geb. 1924 in Waldenburg.)

Hauptlehrer H. Roth erzählt aus Stein am Kocher wie er die »Knöpflesnacht« 1928 erlebte: »Es ist 5 Uhr abends. Ein ungewöhnlicher Lärm erfüllt die Straßen des sonst so stillen Dörfchens. In Gruppen ziehen Kinder von Haus zu Haus mit viel Geschrei. Sonst sind sie um diese Zeit daheim; denn Vater und Mutter achten sehr darauf, dass sie ihre Kleinen beim Betläuten um sich haben. Aber heut ist ja der erste Donnerstag im Advent, Knöpflesnacht, der Nikolausabend unseres Dorfes. Da haben die Kinder ein besonderes Vorrecht: auch die strengeren Väter erlauben da, dass sie etwas länger draußen bleiben. Sie haben ja früher auch mitgehen dürfen. Und die Vorfreude an Weihnachten verlangt doch auch ihr Recht. Keine bessere Gelegenheit als in den Knöpflesnächten, wo man so recht nach Herzenslust mitschreien kann! So erst hat man den richtigen Vorgeschmack der kommenden Freuden.

Überall hat man Schnitz, Äpfel, Birnen und Gebäck für die kleinen Sänger bereitgestellt, zuweilen auch den Stock oder einen wassergefüllten Krug. Vor jedem Haus vereinigen sich die hellen Stimmen, und in eintöniger Weise singen sie den Vers:

Heut ist die erste Knöpflesnacht,
wenn der Herr vom Grab erwacht.
Schenk ein! Zuckerwein!
Steht ein Englein hinter der Tür,
schmeißt Äpfel, Birn herfür.
Äpfel haben kurze Stiel,
Birnen haben lange Stiel.
Gute Frau! Guter Mann! Gebt uns viel!
Aber nicht mit dem Besenstiel!

Man hört aus dem Ton deutlich das Pochen auf ein altes Recht, und das kleine Volk ist hartnäckig. Hat die erste Aufforderung nicht den gewünschten Erfolg gehabt, so wird von vorne angefangen mit unermüdlicher Ausdauer. Und schließlich wird auch der Dickfälligste bewogen, sein Geneigtsein auf die eine oder seinen Unwillen auf die andere Art zu äußern. Werden die Kinder reichlich beschenkt, so folgt wohl als Dreingabe ein Weihnachtslied. So geht es auch den 2. und 3. Donnerstag im Advent.«

(Aus: »Bunte Blätter von Stein«)

Es war durchaus nicht in allen Orten üblich, die Kinder bei jedem Umgang zu beschenken. Oft mussten sie dreimal kommen, also bis zum letzten Donnerstag vor Weihnachten warten, bis die Hausfrau das Gewünschte gab. Dieser dritte Donnerstag hieß dann auch die »rechte Anklopfete«.

Knöpflesnächte

In Gemeinden um Heilbronn nannte man die Klopfnächte »Knöpflesnächte« und das damit einhergehende Singen »Kurrendesingen«. Dort warfen die umherziehenden Kinder um 1900 auch noch Erbsen und Linsen an die Fensterscheiben, um so auf sich aufmerksam zu machen. Aus Möckmühl wird berichtet: »Drei Wochen vor Weihnachten gingen an den Donnerstagen die Kinder in den ›Knöpflesnächten‹ durch die Gassen und warfen Erbsen an die Fester, sangen und heimsten Geschenke bei Nachbarn und Verwandten ein.« (Dr. Erich Strohhäcker, Möckmühl: »Das Bild einer Stadt«, 1979, Kreisarchiv Heilbronn)

»In Vorhof bei Unterheinriet war es Sitte, dass man einen Tag vor der Knöpflesnacht nach Löwenstein ins Einkaufen ging. Dort bestellte man 5 Pfund Erbsen und 5 Pfund Linsen, ein Pfund bekam man dazu geschenkt. Am anderen Morgen bekam man zum Essen nur einen Teller voll Knöpfle, sonst nichts, am Mittag nur eine Knöpflessuppe. Am Abend nahmen sie ihre Erbsen und Linsen und gingen von Haus zu Haus. Jeder nahm eine Handvoll Erbsen und Linsen und warf sie an die Fensterscheiben. Dann sangen sie:

Kurrande, Kurrande!
Äpfel raus, no danke.
No geh i wieder in e anders Haus!
Kurrande!

In den Knöpflesnächt wurden auch in Unterheinriet Erbsen, Linsen und Bohnen ans Fenster geworfen.

Die Knöpflesnächte sind identisch mit den drei Donnerstagen vor Weihnachten, also mit den Anklöpferlesnächten und dem Kurrandesingen. Sie würden also besser ›Klöpflesnächte‹ heißen, wie sie andernorts auch genannt werden.« (Friedrich Gutöhrlein: »Wie's daheim war; eine Wanderung durch die Gemeinde Unterheinriet«, 1969)

»Das sogenannte Anklopfen wird für verboten erklärt«

Seit es schriftliche Belege über die Umzüge in den Klopfnächten gibt, weiß man auch, dass diese allzu oft missbräuchlich in Bettelei ausarteten und daher obrigkeitlich immer wieder verboten worden waren. Dunkle Gestalten zogen vermummt durch die Gassen, klopften mit Hämmern an Türen und Fenstern, andere warfen

Der Vaterlandsfreund, Amts- und Anzeigeblatt für den Oberamtsbezirk Gerabronn vom 10. 12. 1892 „Jahrgang 47, Kreisarchiv Schwäbisch Hall

Gerabronn.

Das sogenannte Anklopfen wird hiemit in hiesiger Gemeinde für **verboten** erklärt.

Zuwiderhandlungen gegen dieses Verbot müßten als **Bettel** angesehen und auf Grund des §. 361 Z. 4 des R.St.G.B. zur Bestrafung gebracht werden.

Den 8. Dezember 1892.

Stadtschulth.=Amt. Ulshöfer.

Bitte um Weihnachtsgaben.

Um den ärmeren hiesigen Kindern für das abgeschaffte sog. Anklopfen einen Ersatz bieten zu können, sollen unter dieselben Weihnachts=Gaben zur Verteilung kommen, zu welchem Zweck die hiesigen Einwohner um milde Beiträge ersucht werden.

Zur Entgegennahme sind bereit

Stadtpfarrer A.B. **Schmid.**
Stadtschultheiß **Ulshöfer.**

Erbsen oder Steinchen, um auf sich aufmerksam zu machen. Viele richteten Schäden an. Oft waren es arme Leute oder armer Leute Kinder, die sich an diesen »Heischeumzügen« beteiligten. Das erfahren wir auch aus dem 1892 in Gerabronn ausgesprochenen Verbot mit dem gleichzeitigen Aufruf für die ortsansässigen armen Kinder zu spenden.

1850 verfügt das Stadtschultheißenamt Künzelsau in einer öffentlichen Bekanntmachung:

»Um dem Unfug des sogenannten Anklopfens möglichst zu steuern, werden hiermit sämtliche Einwohner aufgefordert, die anklopfenden Kinder streng abzuweisen und allenfallsige Gaben der Stiftungspflege oder der Kleinkinderschule zuzuwenden. Eltern werden es für Pflicht halten, ihre Kinder gehörig zu überwachen, widrigenfalls sie sich selbst zuzuschreiben hätten, wenn von Seiten der Polizei gegen ihre anklopfenden Kinder missliebige Maßregeln angewendet werden müssten. Den 2. Dezember 1850, Stadtschultheißenamt Neunhöffer.«
(Jürgen Hermann Rauser: Künzelsauer Heimatbuch, 1981)

Heiligenachtsingen – Weihnachtssingen

Es fällt auf, dass sich im 19. Jahrhundert in vielen Orten Nordwürttembergs das »Anklöpferle« zum »Heiligenachtsingen« wandelte und Lehrer für dieses Ansingen der Weihnacht Geld erhielten. Vermutlich waren es die Lehrer, die sich an den alten inneren Kern der Adventsumzüge mit der Ankündigung des Heils zum Weihnachtsfest erinnerten. Auf diese Weise konnten sie die Kinder von den unkontrollierten Bettelumzügen abhalten und sich selbst nebenbei ein paar Kreuzer verdienen. Später zogen die Buben und Mädchen jedoch wieder alleine durch die Ortschaften und mancherorts verlagerte sich das Heiligenachtsingen von den Donnerstagen auf die Sonntage.

Von Bieringen wird berichtet: »Ein anderer Brauch, der bereits versunken ist, war das Heilige-Nacht-Singen, die Vorbereitung auf das Kommen des Herrn. An den drei Sonntagen vor Weihnachten zogen Buben und Mädchen vor dem Abendläuten durch die Straßen des Dorfes und sangen:

*»Heut ist die heilige Nacht,
die Jesus Christus geboren hat,
schenk ein klaren Wein,
wünsch Glück ins Land hinein.
's Haus ist gefangen
mit drei silbernen Stangen,
sitzt ein Engele hinter dr Tür,
schneidet Bir'le und Äpfele für.
Und mir a',
du liebe Jungfrau Maria.
Ich bin ein kleiner König,
gebt mir nicht zu wenig,
lasst mich nicht zu lange stehn,
ich muss heut' noch weitergehn!«*
(Nach einem Aufsatz von Lehrer Alois Lenz um 1950 in Bieringen, Kreisarchiv Neuenstein)

Der Kindermund formte sich seine Verse selbst. Fügte Heiliges und Profanes, überlieferte Zeilen aus Spielversen und Segenswünschen zu grotesken Bittgesängen zusammen, die von Erwachsenen schmunzelnd angehört wurden.

In dem Buch »Geschichte von Untereisesheim«, 1976, wird über das Weihnachtssingen berichtet: »Ein Reskript des Königs ordnete 1810 an, dass dieser Brauch, wo er noch geübt war, gegen Entschädigung an Geld oder Naturalien abgestellt werden sollte. Nach einem längeren Briefwechsel einigten sich das Dekanat Neuenstadt als zuständiges kirchliches Oberamt und das staatliche Oberamt in Heilbronn, dass dem Lehrer Hehl eine Entschädigung von 7 Gulden jährlich zugesprochen werde; davon sollte ein Drittel, nämlich 2 Gulden 40 Kreuzer aus dem Heiligen und 4 Gulden 40 Kreuzer aus der Gemeindekasse gezahlt werden. Der Dekan Heß schrieb an das hiesige Pfarramt, dass auch ›die Commun diesem allergnädigsten Befehl alleruntertänigste Folge leisten werde‹. Damit war ein jahrhundertealter Brauch von 1812 an abgeschafft worden.«

Die Geschichte liegt im Dunkeln

Der Brauch der Klopfnächte ist bis heute kulturhistorisch nicht erforscht. Es werden immer wieder nur Deutungsversuche gemacht, die in christliche und heidnische Richtungen gehen. »Alles nicht sofort Verständliche wird so gerne dem Heidnischen zugeschrieben«, sagt Dietz-Rüdiger Moser. Auch Werner Mezger sieht dies so, wenn er ausführt: »Die große Schwäche des mythologischen Deutungsmodells liegt freilich in dessen absolutem Beweismangel. Trotz krampfhafter Bemühungen konnte bisher nämlich noch nicht ein einziger überzeugender Beleg dafür beigebracht werden, dass es die stets als selbstverständlich vorausgesetzten fruchtbarkeitskultischen oder vegetationsdämonischen winterlichen Lärmumzüge der Germanen wirklich gegeben hat.« (Mezger S. 44)

Der Christbaum ist der schönste Baum

So beginnt ein altes Weihnachtslied. Und ist es nicht so? Können wir uns einen schöneren Baum vorstellen, mitten im kalten Winter? Ist es nicht ein Wunderbaum, der so prächtig ausgeziert am Heiligen Abend in unseren Stuben aufgestellt wird?

Der Christbaum ist der schönste Baum,
den wir auf Erden kennen.
Im Garten klein, im engsten Raum,
wie lieblich blüht der Wunderbaum,
wenn seine Lichter brennen,
wenn seine Lichter brennen, ja brennen!

Befragt man die älteren unter uns nach ihren Erinnerungen an Weihnachten, wird der Christbaum meist als schönstes Weihnachtserlebnis ihrer Kindheit geschildert. Für die Kinder war der Christbaum jedes Jahr aufs Neue, zur Freude der Eltern, die besondere Weihnachtsüberraschung. Auf ihn richtete sich beim Betreten der Stube der erste staunende Blick. Den Christbaum brachte ja das Christkind. Diese Erinnerungen führen allerdings in eine Zeit, als Weihnachten noch weit weniger als heute vom Konsumdenken überlagert war.

Wenn Kindern unserer Tage bereits Wochen vor Weihnachten überall auf Märkten, in Geschäften und Vorgärten leuchtende Christbäume präsentiert werden, bleibt für kindliche Illusionen nur wenig Raum. Dennoch erleben jedes Jahr alt und jung des Baumes zauberhafte Ausstrahlung im familiären Bereich, und man kann sich ein häusliches Weihnachtsfest, vor allem dort wo Kinder sind, auch heute ohne Christbaum kaum vorstellen. Er ist nach wie vor der herausragende, schmückende Mittelpunkt unserer

Friedrich Schnack erzählt vom »Wunder eines Baumes« im Katholischen Sonntagsblatt vom 24. Dezember 2000: »Vater und Mutter standen bei dem Baum, auf ihren Gesichtern spiegelte sich unsere Freude. Die grüne Waldfichte war unter dem Strahlenkleid verborgen. Wer hätte sich auch vorstellen können, dass sie noch vor kurzer Zeit im Wald unter dem Schnee gestanden hatte? Die bunten Glaskugeln waren mein Entzücken. Die farbigen Kerzen und die sich von Zweig zu Zweig schwingenden goldenen, silbernen und bunten Ketten kleiner Kugeln erweckten meine ganze Bewunderung. Ich stand wie geblendet. Auf der Spitze des Baumes schwebte ein Engel, der seinen Fuß auf eine goldene Sonne gesetzt hatte. Und von dieser Sonne floss nach allen Seiten das schimmernde Engelshaar, Wellen fließenden Lichtes. Zwischen den Glaskugeln hingen Himbeeräpfel, vergoldete Nüsse, kleine Glastrompeten, Engelchen und mehrere Vögel mit wippenden Schwänzen. Und da schwebt auch eine kleine Glocke vorüber, die vorhin geklingelt und uns gerufen hatte. Das war ein Baum! Für nichts anderes hatte ich einen Blick. Ich sah nur die verklärte Fichte. Erst nach einer Weile entdeckte ich den Gabentisch. Aber regungslos starrte ich den Baum an. Sein Leuchten durchdrang mich. Die Musik versetzte mich in eine selige Stimmung. Der Tanz des Baumes wirkte märchenhaft auf mein Knabengemüt.«

Liebhaber alten Christbaumschmucks behängen ihren Baum wie zu Großmutters Zeiten.

Alte Chroniken berichten, dass Tännchen auch an der Decke aufgehängt waren, damals noch ohne Kerzen, mit Gebäck und Papierrosen geschmückt.

Weihnachtsstuben. Wir sind mit diesem Brauch so verwurzelt, dass wir glauben möchten, er käme aus uralter Vorzeit. Doch das ist nicht so.

Ein Blick in die Geschichte

In der Mittwinterzeit holen sich von alters her die Menschen wintergrüne Zweige ins Haus. Die Zweige der Tanne, Fichte, Kiefer, Eibe, des Ilex oder Buchsbaumes, aber auch das aus Obstgehölzen hervorbrechende Grün, sind nach altem Glauben Zeichen für Lebenskraft und Segen. Nach mittelalterlichen Vorstellungen ist das beständige und sprießende Grün ein Zeichen des Lebens, durch das in der kalten Jahreszeit die Hoffnung auf ein neues Erwachen der Natur gegeben ist. Wintergrüne Zweige, wie Buchsbaum, Wacholder oder Tanne, sollten vor allem in der heiligen Zeit um Weihnachten Segen in die Wohnungen bringen. Aufgesteckte immergrüne Zweige, Buschen oder Bäumchen waren und sind überall als schöner, sinngebender Weihnachtsschmuck verbreitet. Ingeborg Weber-Kellermann stellt fest: »Aber Weihnachtsbäume waren das alles nicht. Die Entwicklungsgeschichte des Weihnachtsbaumes führt auf andere Wege.«

Viele Forscher verfolgten hinsichtlich des Ursprungs des Weihnachtsbaumes lange einen falschen Weg. Ihre Deutungen reichten bis ins germanische Altertum oder in den Bereich von Fruchtbarkeitskult und Dämonenabwehr. Heute noch ist in Fachliteratur über diese Fehldeutungen zu lesen. Weber-Kellermann:»Die Wirklichkeit sieht anders aus. Sie ist zu finden durch die historischen Quellen, und zwar auf Grund der Erkenntnis, dass jeder kulturelle Gegenstand – also auch der Weihnachtsbaum – in einem sozialhistorischen Zusammenhang steht.«

»Der heutige Weihnachtsbaum ist weder ein Wintermai noch ein übelabwehrender Baum, er ist das Ergebnis der Ausgestaltung des häuslichen Kinderfestes Weihnachten«, so berichtet Lily Weiser-Aall schon 1934.

Aber nicht aus den Familienstuben, sondern aus den Zunftstuben der städtischen Handwerker stammen die ältesten Zeugnisse für den Brauch Weihnachtsbäume aufzustellen. Aus Türckheim im Elsass sind zwischen 1597 und 1669 regelmäßig Stubenmeisterrechnungen für Ausgaben an Äpfeln, Hostien, buntem Papier und Faden für Schmuck des Baumes belegt. Die Kinder der Zunftgenossen durften den Behang dieser Bäumchen »abschütteln«. Aus Straßburg ist ein ebenso altes Zeugnis für den Weihnachtsbaum festgehalten (1604/1605). Dort wird von Tannenbäumen berichtet, die mit Rosen aus vielfarbigem Papier geschnitten, Äpfeln, Oblaten, Zischgold, Zucker u. a. behängt waren.

Weil eine Anzahl alter schriftlicher Belege über das Aufstellen von Weihnachtsbäumen aus dem Elsass bekannt sind, hört man immer wieder die Aussage, der Christbaum käme aus dem Elsass. Dabei wird übersehen, dass es auch aus anderen Gegenden sehr alte Berichte über das Schlagen von Tannenbäumen und Tannenreisig zu Weihnachten gibt, wie Rechnungen belegen. Aus Bremen berichtet eine alte Zunftchronik von 1570 ebenfalls von diesem Brauch mit ähnlichen Schmuckelementen; aus Freiburg bereits im Jahre 1419. Kerzen trugen diese ersten Weihnachtsbäume aber noch nicht. Der Baumschmuck selbst war überall den Kindern zugedacht.

Aus dem Lebensbereich der protestantischen Stadtzünfte übernahm zuerst die europäische Aristokratie diesen Weihnachtsbrauch, dem sich, verbreitet im 17. und 18. Jahrhundert Familien wohlhabender Bürger anschlossen. Erst nach dem deutsch-französischen Krieg 1870/71 fand der Tannenbaum als Christbaum seine weite Ausbreitung. Aristokratische Heerführer ließen in Lazaretten und Quartieren Lichterbäume aufstellen, um den kämpfenden Soldaten ein Gefühl der Geborgenheit und ein Zeichen des Friedens zu vermitteln. Die heimkehrenden Soldaten sorgten in ganz Deutschland dafür, dass nun auch in ihren Familien Christbäume das häusliche Weihnachtsfest verschönten. So wurde der Tannenbaum zum Inbegriff der deutschen Weihnacht.

Auf dem Land dauerte es lange, bis sich der Weihnachtsbaum allgemein durchsetzte, vielfach erst nach dem 1. Weltkrieg, in manchen Familien noch später. Ob man am Heiligen Abend einen Weihnachtsbaum oder eine Krippe aufstellte, galt lange als konfessionelles Zeichen. In entlegenen Gegenden ließ man es noch bis zu Beginn des 20. Jahrhunderts bei den aufgehängten Tannenwedeln, Wipfeln oder kleinen Bäumchen, die ohne Kerzen, wohl aber mit Äpfeln, Nüssen und Gebäck behängt, an der Zimmerdecke oder den Fensterleibungen baumelten. An der Decke hingen sie sicher auch deshalb, weil die Mehrzahl

41

der Menschen beengt wohnten. In Schwaben und Franken standen anstelle des winterlichen Grüns noch lange kleine Laub- und Obstbäume bzw. deren Zweige in einem wassergefüllten Krug, ebenso mit allerlei Zuckerwerk behängt. Aus Würzburg und Ansbach ist bekannt, dass Nadelbäume erst um 1840 Verwendung fanden.

Fichte und Tanne waren im Laufe des 19. Jahrhunderts überall zu den beliebtesten Weihnachtsbäumen geworden. In den Städten konnten diese Bäume auf den Weihnachtsmärkten gekauft werden, in den ländlichen Gegenden bei den Waldbesitzern. Im unteren Kochertal fuhr ein Waldbesitzer, der 1905 für einen kleinen Baum 10 Pfennig verlangte, von Ort zu Ort und bot seine Bäume vom Wagen aus an. Gleichmäßig gewachsene Bäume waren teurer. Geschickte Väter wussten sich zu helfen, bohrten ein Loch in die Fehlstelle und fügten einen Zweig ein.

Viele Bemühungen der Nationalsozialisten, den Weihnachtsbaum zur germanischen Jultanne oder zum mythischen Lebensbaum umzudeuten, schlugen fehl. Das familiäre Festver-

Weihnachtsgestelle, Pyramiden oder Paradiesbogen waren häufig Ersatz für den Christbaum.

ständnis veränderte sich dadurch kaum. In der Nachkriegszeit erfreute man sich wieder an bescheiden ausgezierten Tannenbäumen mit selbstgebasteltem Schmuck und einfachen Glaskugeln. In den 1950er Jahren wurde schließlich der Christbaum überkonfessionell im privaten, kirchlichen und öffentlichen Raum angenommen. Heute sind sich die Forscher einig: »Der Weihnachtsbaum ist nachweisbar ein Gewächs der bürgerlichen Kultur«.

Weihnachtsgestelle

Anstelle des Weihnachtsbaumes waren auch Weihnachtsgestelle ein beliebter Zimmerschmuck. Klausenbäume, Reifenbäume, Pyramiden, Paradiesbogen und wie sie alle heißen, sind Holzgestelle unterschiedlicher Gestaltung. Mit Moos oder grünen Zweigen umwickelt waren sie in ganz Deutschland verbreitet. Sie galten als »Christbaumersatz der armen Leute« und waren wie dieser mit Süßigkeiten, Spielgegenständen und allerlei anderem Zierrat zur Freude der Kinder behängt. Vielleicht waren diese Weihnachtsgestelle auch die Vorläufer der Weihnachtsbäume?

Paradiesbaum

Wenn in der Vergangenheit manchmal der Christbaum »Paradiesbaum« genannt wurde und das Gärtlein, in dem er stand, die Bezeichnung »Paradiesgärtlein« bekam, gibt es einige Erklärungen dafür: In mittelalterlichen Mysterienspielen kam es zum Auftakt des Weihnachtsfestes vor den Portalen der Kirchen zur Aufführung sogenannter »Paradiesspiele« mit dem Paradiesbaum, die die Geschichte des Sündenfalls zum Inhalt hatten. Durch Christi Menschwerdung wurden die Sünden der Welt gesühnt. Der Baum der Erkenntnis wurde zum Baum des Lebens. Es bestand Anlass, Christus, diese neue Erlösungshoffnung, als Stifter eines neuen Paradieses zu feiern. Bezeichnenderweise finden wir in alten Kalendern neben dem Datum am 24. Dezember die Namen Adam und Eva. Ihr Gedenktag wird zusammen mit Christi Geburt gefeiert. Das Weihnachtslied: »Lobt Gott, ihr Christen, alle gleich«, aus dem Jahre 1554 besingt in seiner letzten Strophe das Paradies:

Heut schleußt er wieder auf die Tür
zum schönen Paradeis,
der Cherub steht nicht mehr dafür,
Gott sei Lob, Ehr und Preis!
(Nikolaus Herman, 1480–1561)

Es gibt Weihnachtsgestelle, die in ihrer Auszier den Sündenfallbaum und darüber den Kreuzesbaum (im bairischen Sprachraum »Paradeisl«) zeigen. Ebenso kennen wir weihnachtliche Gebildbrote, dazu zählen auch die Springerle, mit den Abbildungen von Adam und Eva und dem Sündenfallbaum, die deren Gedenktag am 24. Dezember zugeordnet werden können.

Die regionale Christbaum-Geschichte

Schon sehr früh war der Christbaum in der freien Reichsstadt Schwäbisch Hall gebräuchlich. Aus einem Dekret des Haller Rates von 1758 erfahren wir von einem Verbot, zur Weihnachtszeit im städtischen Wald Bäume zu schlagen, um diese zu Hause als »Christkindlis-Bäumlein« aufzustellen. Auch in Ingelfingen wurden Mitte des 19. Jahrhunderts schon Christbäume ins

Haus geholt. Nach einer Stadtpflegerechnung vom Jahre 1841/42 wurden 2 Gulden und 53 Kreuzer für »Christkindleinsbäume« erlöst. Im Jahre 1847/48 waren es bereits 5 Gulden und 2 Kreuzer.

Archivrat Karl Schumm, Leiter des Hohenlohe-Zentralarchivs Neuenstein, schreibt 1953 über den Weihnachtsbaum in Hohenlohe: »Der geschmückte Baum im festlichen Zimmer ist heute an Weihnachten nicht mehr wegzudenken. Aber es wird von Jahr zu Jahr schmerzlicher, zu erleben, wie dies ehrwürdige lichtstrahlende Symbol mehr und mehr den Kreis der Familie verlässt, in den es eigentlich gehört und im wahrsten Sinne des Wortes zur Reklame missbraucht wird. Es kann so nicht mehr zu dem wunderbaren Erlebnis werden, auf das man als Kind wochenlang wartete und das sich am Heiligen Abend endlich erfüllte.

Der Brauch zum Weihnachtsfest einen Baum zu schmücken ist noch nicht alt. Alte Leute, deren Kinderzeit in die 50er Jahre des vorigen Jahrhunderts fiel, erzählten mir noch, dass sie damals keinen Christbaum gekannt hätten. Am Weihnachtsmorgen nach dem Heiligen Abend sei in einer Ecke des Wohnzimmers ein Tannenzweig gestanden, an dem ›Zuckerdockelich‹ hingen, hart dabei lag aber eine geflochtene Rute, Belohnung und Strafe als Erziehungsmittel dicht beieinander.

Allmählich erst wurde der Baum überall eingebürgert, in den Städten früher als auf dem Lande, wo man vielfach noch zu Beginn dieses Jahrhunderts an der Sitte festhielt, das Christkind über Nacht kommen zu lassen, während die Kinder schliefen, so dass diese am Weihnachtsmorgen, als sie erwachten, das Wunder des Lichtbaumes mit seinen Gaben fanden. Er war mit Zuckerwerk behangen, mit vergoldeten Nüssen, mit Hutzeln und Äpfeln, lauter damals nicht alltägliche begehrenswerte Dinge, mit denen brave und fromme Kinder belohnt wurden, und die für sie die köstlichsten Schätze bedeuteten.« (Hohenloher Chronik, 23. Dezember 1953, Kreisarchiv Hohenlohekreis, Neuenstein)

Vermutlich hat sich in der Region Heilbronn-Hohenlohe der Christbaum von den Städten und Städtchen aus auf die Dörfer und Weiler verbreitet.

Im Zaber-Boten Brackenheim ist unter dem 13. Dez. 1881 zu lesen:

»200 Christbäume werden am Sonntag, 17.12., mittags 1 Uhr auf dem Marktplatz verkauft. Hospitalverwaltung, Dopffel«

»Eines hat mich später immer sonderbar berührt: Ein Christbaum stand in jedem Haus, selbst im Armenhaus der Gänsehirtin. Wo aber kam der Baum her? In der Gemeinde gab es keinen Christbaum-Markt, auch nicht in den Nachbargemeinden. Die Bauern selbst hatten nur in den seltenen Ausnahmefällen ein Christbaumwäldchen. Doch selbst diese holten ihren Baum nicht dort, sondern entweder im großen Wald des reichen Fürsten oder im Gemeindewald. Die ganz Schlauen klauten den Baum an der Gemarkungsgrenze, gegen Külsheim, das ja den größten Wald weit und breit hatte. Auf diese Weise konnte man die Waldhüter der beiden Gemeinden foppen, in dem man jeweils einem angab, das Bäumchen auf der anderen Gemarkung geholt zu haben. Wohlverstanden ›geholt‹, also nicht gestohlen. Es schien ein ungeschriebenes Gesetz zu sein, dass das Christbaumholen keine Sünde war, denn an dem Gemeindewald hatte man ja als Bürger Anteil. Der Fürst wurde dadurch auch nicht ärmer.«

(Melchior Döhner: »Der Schollenhupser«, Frankonia Buch, Tauberbischofsheim, 1990)

»Zaberbote«
1. Dezember 1881

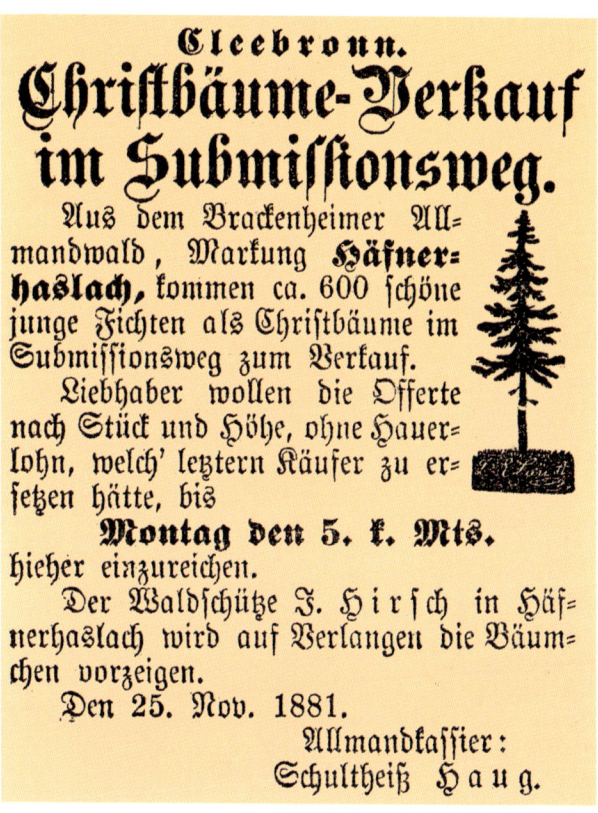

Im gleichen Jahr werden in Cleebronn 600 junge Fichten als Christbäume angeboten; ein Zeichen dafür, wie gerne der Brauch in diesem ländlichen Raum angenommen wurde. Lange Zeit war es aber üblich, sich einfach einen Baum im Wald zu holen. Selbst diejenigen, die eigenen Wald hatten, beschafften sich den Christbaum lieber aus dem nachbarlichen Forst. Gewöhnlich wurde nach dem 6. Januar (Dreikönig) der Christbaum abgeräumt. In ungeheizten Stuben stand er da und dort bis »Mariä Lichtmess« (2. Februar), der Zeitpunkt, an dem nach altem kirchlichem Brauch Weihnachten endete. Oft ging es aber in Häusern mit vielen Kindern so eng zu, dass bereits am 2. Weihnachtsfeiertag der Christbaum weichen musste.

Der Wandel des Christbaumschmucks

Aus den bisher ältesten Quellen der Geschichte des Weihnachtsbaumes (16. Jahrhundert) erfahren wir auch etwas über dessen Auszier. Äpfel, Nüsse, Oblaten, Backwerk, Zuckerzeug hingen zwischen Papierrosen, Zisch- und Rauschgold (dünn ausgeschlagenem Messingblech). Bunte Fäden wurden verwendet, um diesen Behang an den ersten Bäumchen in den Zunftstuben der

In Anlehnung an die alten Schmuckelemente der ersten Weihnachtsbäume ist dieser gebastelte Christbaumschmuck entstanden.

Handwerker zu befestigen, wie alte Rechnungen bestätigen.

Der essbare Christbaumbehang war schon in frühester Zeit als Geschenk für die Kinder gedacht, die diese Köstlichkeiten aber erst nach Neujahr oder nach dem Dreikönigstag »plündern« durften. Weil Süßes noch lange teuer und daher nur selten verfügbar war, gehörten diese Genüsse bei der breiten Bevölkerung bis weit ins 20. Jahrhundert zum unverzichtbaren Christbaumbehang. Begierig schauten die Kinder auf das süße Naschwerk. »Man kann sagen, mit dem Essbaren am Christbaum beginnt die Geschichte des Christbaumschmucks.« (Weber-Kellermann)

Wenn beim Ausschmücken des Tannenbaumes immer wieder Äpfel vorkommen, so erklärt dies Dietz-Rüdiger Moser (Feste und Bräuche im christlichen Jahreslauf) damit, dass vorzeiten Umzüge und Paradiesspiele zur Weihnachtszeit stattfanden, weil am 24. Dezember der Gedenktag von Adam und Eva gefeiert wird und dass bei solchen Umzügen mit Äpfel behängte Bäumchen mitgetragen worden waren, die an den Paradiesbaum erinnern sollten. Der Apfel als Fruchtbarkeitssymbol ist gleichzeitig christliches Sinnbild für Unsterblichkeit und Auferstehung. Das Symbolzeichen der Nuss beschrieb um das Jahr 400 bereits Kirchenvater Augustinus so: »Als

Christussymbol bezeichnet die Hülle das Fleisch Christi, das die Bitterkeit der Passion gekostet hat, der Kern das süße Innere der Gottheit, die Nahrung spendet und durch ihr Öl das Licht ermöglicht, die Schale das Holz des Kreuzes.«

Oblaten sind Hostien, also das Abendmahlsbrot. Wir kennen den Begriff auch für feines Gebäck, ebenso als Unterlage für Kleinbackwerk. Wir nennen auch die kleinen Prägebilder, die Albumbildchen, mit denen früher die Lebkuchen für Kinder beklebt waren, Oblaten. In allen diesen Formen waren sie ebenso auch Christbaumschmuck.

Goldenes oder Vergoldetes hing sicher des Glanzes wegen an den ersten Weihnachtsbäumen. Zischgold oder Rauschgold ist sehr dünn geschlagenes Messingblech, das zu vielerlei Zierrat verarbeitet werden konnte, auch in Verbindung mit anderen Materialien. Zur Vergoldung von Tannenzapfen, Nüssen und Äpfeln verwendete man Goldblättchen aus einer Legierung von Kupfer und Zinn, die in kleinen »Briefchen« im Kaufladen angeboten wurden. In jüngerer Zeit kaufte man die billigere Goldbronze. Manche hatten nichts anderes als bereits gebrauchtes Stanniolpapier, mit dessen Hilfe sie den Nüssen Glanz verliehen.

Das Essbare am Weihnachtsbaum verlor in großbürgerlichen Kreisen an Bedeutung, als Mitte des 19. Jahrhunderts nicht nur der Zucker billiger wurde, sondern als immer neue, aus den unterschiedlichsten Materialien gefertigte Schmuckformen aufkamen. Essbare Schmuckteile hingen dennoch weiterhin am Christbaum, sie waren nur nicht mehr so vordergründig wichtig.

Seit 1870 entwickelte sich ein ganzer Wirtschaftszweig für Christbaumschmuck. Es gab ein kunterbuntes Schmuckangebot aus Watte, Zinn und Wachs, aus Pappe, Porzellan und Holz, aus Metalldrähten und Textilien, vor allem aber aus Glas. Der Markt wurde mit Weihnachtsschmuck überhäuft. Händler zogen durchs Land, breiteten ihr Angebot aus. Ein ganzes Verlagssystem baute sich auf. Musterausstellungen führten Produzenten und Einkäufer zusammen. Als schließlich Thüringer Glasbläser Ende des 19. Jahrhunderts massenweise Glaskugeln herstellten, als in der Nürnberger Gegend die sogenannten leonischen Drähte gezogen wurden, als zu Beginn des 20. Jahrhunderts im Erzgebirge und im Berchtesgadener Land (1922) gedrechselte und geschnitzte Holzfiguren für den Christbaum entdeckt und entwickelt waren, gab es eine kaum mehr überschaubare Fülle an Schmuckelementen für den Weihnachtsbaum.

In gut situierten bürgerlichen Familien baute sich ein Kult um das Schmücken des Baumes auf. Und auch die einfachen Leute konnten sich mit Ausgang des 19. Jahrhunderts hier und da einzelne industriell gefertigte Schmuckteile aus Glas oder anderen Materialien leisten, sofern sie überhaupt schon einen Christbaum hatten. Doch jene, die zuvor schon einen reichen Schmuckschatz besaßen, passten sich den ab 1900 aufkommenden Modeströmungen an. In der Zeitschrift »Die Gartenlaube« von 1893 steht: »Der Baum muss glänzen, glitzern, funkeln, blenden, dass einem die Augen übergehen [...]«. So wurde zu Beginn des 20. Jahrhunderts der »weiße Baum« mit Lametta, Silberkugeln, Eiszapfen, Engelshaar und weißen Kerzen gefragtes Prestigeobjekt.

Der Baum sollte, wie die Landschaft, winterlich weiß aussehen. Entsprechend diesem Stil produzierten die Glasschmuckhersteller »weiße Ware«, Glasseide für Vogelschwänze, Schmetterlingsflügel, Sternenschweife kamen auf. Die bisherigen Formen wurden

47

Die Mode des »weißen Baumes« konnten nur die Wohlhabenden mitmachen (Aufnahme um 1920).

häufig nur noch in silbern oder weiß angeboten. Und daneben gab es noch ein breites Spektrum zurückhaltend verzierter Objekte, die sich am Jugendstil orientierten. Die üppig in Form und Farbe geschmückten Bäume der Gründerzeit kamen außer Mode.

Der Christbaum als Dekorationsgegenstand fand auf dem Land kaum Beachtung. Hier fehlten auch meist die Mittel, aufwendigen Schmuck zu kaufen. Natürlich freuten sich auch die Landbewohner, wenn sie auf dem Markt in der Stadt einige neue Glaskugeln, Lametta oder Goldsternchen kaufen konnten. Meist aber wurde nur das Zerbrochene ersetzt und im übrigen alle Jahre wieder das liebgewordene Alte verwendet und zur Freude der Kinder Gebäck und Naschwerk an die Zweige gehängt.

Als in der Mitte des 17. Jahrhunderts erstmals Lichter auf dem Weihnachtsbaum angebracht wurden, waren dies oft noch Öllämpchen aus halben Walnussschalen, die mit Draht oder Bindfaden an den Zweigen befestigt werden mussten. Kerzen waren selten und kostbar. Erst mit der Erfindung von Stearin und Paraffin, hundert Jahre später, konnten sich auch breitere Bevölkerungsschichten Kerzen an den Christbaum stecken.

Mit dem ersten Weltkrieg wurden nicht nur die Farben schwarz-weiß-rot ins Spiel gebracht, es waren am Christbaum auch Zeppeline, Reichsadler, Boote, Flaggen, gar Flugzeuge zu finden. In den 20er Jahren entwickelten Künstler neue Glasobjekte. Herausragend sind Fadenglas, Glastiere, Glocken und Früchte in allen Farben. Gleichzeitig kamen über die Schulen und Kindergärten Basteleien in Mode.

Das nationalsozialistische Regime der 30er Jahre brachte den »Julschmuck«. Glasbläser stellten flache Glaskugeln mit alten germanischen Symbolen her. Die Abzeichen des Winterhilfswerkes der Jahre 1935 bis 1945 aus Glas, Porzellan, Textilien und Holz waren im eigentlichen Sinne kein Christbaumschmuck. Die hölzernen Figürchen, die überwiegend im Erzgebirge hergestellt und zur Weihnachtszeit angepriesen wurden, zierten dann auch die Christbäume. Schließlich musste 1943 die Christbaumschmuckproduktion ganz eingestellt werden, weil man die Arbeitskräfte in der Rüstungsindustrie brauchte.

Nach dem Krieg aber vergaß man den national gefärbten Christbaumschmuck wieder und griff auf alles zurück, was aus der Zeit zuvor in den Familien noch vorhanden war. In den 50er Jahren orientierten sich die Christbaumschmuckhersteller wieder an Motiven und Materialien der Vorkriegszeiten mit dem Unterschied, dass mit dem aufkommenden Wohlstand nun begonnen wurde, maschinell und in Massen aufzulegen. Die Farben wurden kräftiger, Kugeln aus Kunststoff kamen hinzu.

Der Baum in den 60er Jahren trug schlichte Kugeln, die bereits billig in Fernost produziert wurden. Frauenzeitschriften propagierten den Trend zu Moden in blau, rot oder golden einschließlich Kerzen und Schleifen. Dieses Bild setzte sich bis in die 70er und 80er Jahre fort. Moderner Schmuck der 90er Jahre greift wieder figürliche Motive wie in alten Zeiten auf.

Essbarer Baumbehang

Die essbaren Anhänger am Baum gehörten den Kindern. Begierig schauten sie beim Anblick des Christbaumes auf das süße Naschwerk. Da hingen die kunstvoll geformten und verzierten Reiter, Herzen und Männchen aus braunem würzigem Lebkuchenteig, die zuckersüßen Springerle, die besonders hübsch aussehen, wenn die figürlichen Model auch bemalt sind. Selbst jahrelang aufbewahrt werden sie nicht schlecht, dafür aber steinhart. Daneben gab es eingefärbte Zuckerstangen, in buntes Papier gehüllte Bonbons und Pralinen, Süßigkeiten in farbigen Papiertütchen, durchsichtigen Papiernetzen oder kunstvollen Schächtelchen, auch in Stanniol verpackte Schokoladenfiguren. Da war Tragant, ein gummiartiger Pflanzensaft, der mit Zucker, Eiweiß und Stärke zu einem zähen Teig verarbeitet und vom Bäcker oder Konditor von Hand oder mit Holzmodeln geformt werden

»Der Vaterlandsfreund«
1. Dezember. 1892.

konnte. Tragant, in vielgestaltigen Formen und farbig bemalt, war weniger zum Essen als vielmehr zum Verzieren und Anschauen gedacht. Einst wurden für höfische Feste kostbare Tafelaufsätze daraus gestaltet. Rotbackige oder vergoldete Äpfel und Nüsse durften nicht fehlen. All dies hing um 1850 an den Bäumen in biedermeierlichen Stuben. Als etwa 50 Jahre danach auch in kleinbürgerlichen Häusern der Christbaum verbreitet als weihnachtliches Schmuckelement angenommen worden war, wurde auch dort das süße Backwerk wichtigster Bestandteil des Christbaumbehanges. Die Kinder einfacher Leute erfreuten sich an Ausstecherle, Brezelchen oder Zuckerkringel, an einfachen Lebkuchen, die mit Prägebildern beklebt oder mit Zuckerguss verziert waren. Würfelzucker und Bonbons umhüllte man liebevoll mit Glanzpapier, das, seitlich eingefranst, gleichzeitig einen hübschen Schmuck abgab. Das Naschwerk am Baum war der Kinder höchstes Geschenk.

»*Wenn wir zwee Buwe sunscht am Fescht und an de nächste Deech Gluschte nach ebbes Sieß ghot hewe, hemm mir uns an die Zuckerdockeli, wu ufm Baam ghangt san, halte miesse. Die san scho etli Johr olt gwe, und der rosarot Zucker hat also scho reecht verdächtlich Lechli ghot. – Awer des is halt gor arch ufgfalle, wenn uf dem Baamle ä Licke entstande is. Manchmol hat mei Muedder in dene Deech an ä Stell am Baam nouzeicht und mit ernstem Blick gfrocht: ‚Is do nit geschder noch ä Zuckerdockele ghangt? Des wird der Kla' – des bin i gwe – ›widder ghollt howe!‹ s is mer awer werkli nit um den Zucker gange, a meim Bruder nit, awer die ufbabbde Bildli, die Engel, Kinder und Dierle how i gsammelt.*«

(Friedrich Gutöhrlein: »'s erscht Weihnachtsgebäck«, Frankenspiegel, 5. Dezember 1964, Kreisarchiv Schwäbisch Hall)

Schön bemalte Springerle hängt man heute wieder gerne an den Christbaum.

Oft genug wurden die Kinder beim Stibitzen erwischt, weil das Warten bis zum 6. Januar, wenn die Eltern das »abblümen« oder »plündern« endlich erlaubten, nicht mehr auszuhalten war. Doch nicht überall wurden die Kinder so lange vertröstet. Da und dort durften sie sich jeden Tag etwas Süßes vom Baum holen.

»Früher gab es noch keine Kugeln; dafür wurden an die Zweige ›Marzipan-Dockelich‹ gehängt, das waren 10 bis 20 cm große Marzipanplatten [Anmerkung der Autorin: es handelt sich hier nicht um Marzipan, sondern um Springerles-Gebäck], in welche zwei verschiedene Muster eingedrückt waren. Für jedes Mädchen im Haus hing ein Marzipan-Dockele mit einer Spinnerin darauf am Baum, für jeden Buben eines mit einem Reiter. Als weiterer Schmuck hingen noch weitere Marzipan-Dockelich am Baum, auf welchen Vögel und Männlein eingemustert waren, außerdem Äpfel und Nüsse.« (Jürgen Hermann Rauser: Mulfinger Heimatbuch, 1980)

Glas und Glanz

Die Idee, mittels Glasobjekten Glanz an den Baum zu bringen entwickelte sich aus der Glasperlenproduktion, der »Perlenbläserei«. Ausgangsmaterial für diese Art der Glasverarbeitung waren Glasröhren und Glasstäbe aus der Glashütte, die in kleinen Werkstätten und in Heimarbeit »vor der Lampe«, wie es heißt, also vor einer schwachen Flamme, zunächst zu Perlen aufgeblasen wurden. Die ersten noch dickwandigen farbigen Glaskugeln entstanden Mitte des 19. Jahrhunderts, also zur Biedermeierzeit, im thüringischen Lauscha. Dort war es dann ab 1870 mit dem Bau einer Gasanlage möglich, vor einer nunmehr sehr heißen, regulierbaren Gasflamme dünnwandige Kugeln, auch in Formen geblasene Objekte herzustellen. In Saison- und Heimarbeit waren von nun an ganze Familien mit der Herstellung dieser Schmuckobjekte für den Weihnachtsbaum beschäftigt. Bis spät in die Nacht saßen die Männer mit ihren Glasröhren (etwas $1\frac{1}{2}$ cm stark) vor der Lampe, erhitzten das Glas zu einer zähen Masse, fertigten mit großem Geschick frei oder in Formen geblasene Kugeln und figürliche Schmuckelemente.

Die Glaskörper wurden mit der Zeit immer dünnwandiger, formenreicher und graziler. Es entstanden Vögel, Häuschen, Körbchen, Früchte, Zapfen, Glöckchen und vieles andere mehr. Frauen und Kinder besorgten das nicht ungefährliche Verspiegeln, das Bemalen und Verzieren, das Abschneiden der überstehenden Glasspieße, um

»Auf dem Baum waren Lichtle (Kerzen) gesteckt und Springerle gehängt. Die Springerle wurden beim Bäcker gekauft. Nach Neujahr wurde der Baum geleert, die Springerle unter den Kindern verteilt. Von den Paten bekamen die Eltern einen Vierling Springerle, die als Geschenk ausgeteilt wurden. Die Kinder bekamen auch Äpfel, Nüsse, Lebkuchen, Schnitz und Zwetschgen. Heute (um 1936) steht in jedem Haus ein Christbaum, eine Weißtanne oder eine Fichte. Das Naschwerk auf dem Baum fehlt. Dafür ist das Tannengrün fast verdeckt mit Silberfäden, Lametta und bunten Glaskugeln. Manche Leute bevorzugen einen weißen Baum; aber wo Kinder sind, gefällt der bunte Baum doch besser.«

(Friedrich Gutöhrlein: »Wie's daheim war; eine Wanderung durch die Gemeinde Unterheinriet«, 1969)

Der gläserne Schmuck vererbt sich innerhalb der Familie.

schließlich auf der Schnittstelle ein Metallkäppchen mit Aufhänger anzubringen. Auch das Verpacken und Versenden war Frauen- und Kinderarbeit.

Bereits in der Gründerzeit gab es Glasschmuck, der mit umsponnenen Drähten, den sogenannten leonischen Drähten, verziert war, mit aufgetragenem venezianischem Tau (winzige Glasperlen), mit zermahlenem Glas aber auch mit Farben, die aus Gelatine aufbereitet waren. Eine Vielfalt an Formen und Motiven, die nahezu unüberschaubar ist, entwickelte sich. Lauscha in Thüringen blieb bis nach dem zweiten Weltkrieg der zentrale Ort der Glaskugelproduktion.

Die meisten alten Schmuckobjekte sind kleinformatiger als die heutigen. Sicher waren diese den damals gebräuchlichen kleinen Tannenbäumchen angepasst. Wie alte Abbildungen zeigen, wurden selbst in herrschaftlichen Weihnachtsstuben eher drei oder gar mehr kleine Bäumchen, auf Tischen oder Kommoden stehend, aufgebaut, als ein großer vom Boden bis zur Decke reichender Baum.

Gablonzer Christbaumschmuck

Ein ganz anderer Christbaumschmuck aus Glas kam aus dem nordböhmischen Gablonz. Dieser Schmuck entwickelte sich um 1880 aus der dort betriebenen Perlen-, Schmuck- und Knopffertigung. Aus weißen, goldenen oder bunten Glasröhrchen, Glasstiften und Glasperlen mit feinem Draht zusammengehalten, formten die Heimarbeiter zierliche Körbchen, Ampeln, Sterne, Spinnräder, Kinderwagen und ähnliches sowie allerlei Phantasiegebilde, bis hin zu Zeppelinluftschiffen und Flugzeugen im ersten Weltkrieg.

Diesem besonders hübschen, feingliederigen Baumschmuck sind wir auf unserer »gläsernen Spurensuche« in der Region Hohenlohe-Franken in Privathäusern nicht begegnet. Sicherlich war der Produktionsumfang geringer, der Schmuck auch teurer, so dass er im ländlichen Raum weniger gekauft werden konnte.

Auch beim Gablonzer Christbaumschmuck ließen mitverarbeitete Materialien wie Stanniol, leonische Drähte, Wachs, Watte oder Papier in der Ausgestaltung der Motive keine Wünsche offen. Und in der Folgezeit produzierte man auch dort in Form und Dekor nach der Mode, setzte in den 30er Jahren mehr farbige Akzente.

Gläserne Spurensuche zwischen Kocher, Jagst und Tauber

Am Lichterbaum bringt der verspiegelte Glasschmuck wohl die schönsten Glanzpunkte. Sicher ist deshalb der gläserne Baumbehang bis heute der beliebteste Christbaumschmuck überhaupt. Wir hörten uns in verschiedenen Familien um, fragten die heute 80- und 90- jährigen nach dem Christbaumschmuck ihrer Kindheit und erfuhren, dass bei arm oder reich, »Glaskugeln« Anfang des 20. Jahrhunderts vorhanden waren, nicht ausschließlich und selten in Fülle. Doch mit leuchtenden Augen erzählte man uns gerne, was so gut gefiel: Da hingen große und kleine Kugeln neben länglichen oder tropfenförmigen, prächtig glänzend in Silber, Gold oder Farbe. Die reflektierenden, strahlenförmig eingedrückten Kugeln, wetteiferten im Glanz mit den kristallklaren Eiszäpfchen. Da gab es Früchte, besonders Trauben, Nüsse und Zapfen in weiß und bunt, matt und glänzend. Vögelchen, bunt bemalt, saßen neben rotweiß gepunkteten Pilzchen keck auf den Tannenzweigen. Äußerst schmuck machten sich die bunten oder einfarbigen Glaskugelketten, die girlandenartig aufgehängt, den Christbaum festlich umkränzten.

Ganz unentbehrlich war ein Glöckchen, denn sein zarter Ton rief die

Gablonzer Christbaumschmuck entwickelte sich aus der böhmischen Perlen- und Schmuckherstellung. Die Eiszäpfchen sind Thüringer Produkte.

»Zaber-Bote«, 1. Dezember 1909

Kinder zur Bescherung. Die Krönung bildete die verspielte Christbaumspitze, die sich jedoch meist nur die Wohlhabenden leisteten. Zerbrochenes wurde im kommenden Jahr durch Neues ersetzt. Die Kinder entdeckten schnell, wenn etwas Neues, Bewundernswertes am Baum hing.

Moderichtungen, wie sie ab 1910 in Städten aufkamen, wonach zu dieser Zeit der »weiße Baum« am meisten gepriesen wurde, machten die Landbewohner nicht mit. Es kosteten um 1910: 12 Eiszapfen aus Kristallglas 14 Pfennig, 12 Glasvögel 1,10 Mark, 12 Fliegenpilze 75 Pfennig. Dort, wo das Geld knapp war, gab es nur wenige Teile davon. Die besser gestellten Familien konnten ihren Baum üppig behängen, während ganz arme Leute sich gläsernen Baumschmuck gar nicht leisten konnten.

Es gibt ihn nicht, den typisch regionalen Christbaumschmuck. Ebenso wenig gibt es das »Hohenloher Paradiesgärtlein« als Christbaumständer, wie dies Rüdiger Vossen in »Weihnachtsbräuche in aller Welt«, Seite 168, anführt, weil Christbaumgärtlein dieser Art in ganz Deutschland Verwendung fanden. Es gibt Moden und Traditionen, es gibt Vorlieben für das eine oder andere; Wertvolles für Wohlhabende, Billiges für Arme. Handel und Verkehr machten bereits im 19. Jahrhundert den Vertrieb von Christbaumschmuck und Christbaumständer bis ins kleinste Dorf möglich. Wo es keinen Laden gab, bot der Hausierer die Ware an.

> Frau Marie Schmitt, Tochter eines Müllers aus Zaisenhausen, geboren 1913, erzählt: »Unser Christbaum war mit bunten Glaskugeln, Trompeten, Glöckle und Vögelchen geschmückt, ohne Lametta und Engelshaar. Das alles konnte im Laden am Ort gekauft werden. Zerbrochenes wurde durch Neues ersetzt.«

Im unteren und mittleren Jagsttal zogen Händler aus Walldürn durch die Ortschaften. Im Brettachtal kamen Frauen mit einem Korb auf dem Kopf vom Mainhardter Wald herunter und boten Weihnachtsware an. Sie hatten auch Papierschmuck und Holzwaren für den Haushalt dabei. Einschränkungen brachten die beiden Weltkriege. In vielen Familien wurde einfacher Christbaumschmuck nun wieder gebastelt.

Die Sehnsucht nach Glanz erfüllte sich. Glasvogel um 1920.

Wie anderswo, finden sich diese und viele andere Glasobjekte auch in unserer Region.

»Im Flur unseres Hauses steht eine bunt bemalte Truhe. Nur einmal im Jahr wird ihr Deckel geöffnet, am Nachmittag des Heiligen Abend. In kleinen Kartons, sorgfältig verpackt, bewahrt sie all unsere zerbrechlichen Kostbarkeiten zu Weihnachten, den gläsernen Schmuck für unseren Christbaum.

Es sind für uns liebenswerte, über Jahrzehnte zusammengetragene Gegenstände, Erinnerungsstücke aus der Vergangenheit, die alle ihre eigene Geschichte haben. Trotz ihrer Zerbrechlichkeit sind manche Teile gut 100 Jahre alt geworden.

Beim Herausnehmen und Betrachten wandern unsere Gedanken zurück, hinein in die Jahre der ersten Kinderzeit. Da stand ein Baum mit leuchtend bunten Kugeln, zierlichen Vögelchen, kleinen Glastrompeten, verspiegelten Nüssen und Herzen, Glöckchen und Zapfen, ganz oben thronte die Christbaumspitze. Der Christbaum stand im strahlenden Schein der Kerzen. Für uns Kinder ein Baum zum Staunen und Träumen.

Doch kurz, nur zu kurz war der Traum unserer glitzernden Kinderweihnacht. Der schlimme Krieg nahm alles mit. Er zertrümmerte unser Städtchen mit allem was wir besaßen. Er ließ zum Glück die ganze Familie am Leben. Die Kriegsfolgen legten sich aber schwer auf unsere Kinderherzen. Wir waren nun Trümmerkinder, erlebten den Rest der Kindheit in Baracken und Notwohnungen. Nichts war mehr wie zuvor. Der erste Nachkriegs-Christbaum war ohne Glitzer, ohne Glanz. Kleine Fichten- und Kiefernzapfen am Küchentisch in einen Brei von Mehl und Wasser getaucht, waren sein erster Schmuck. Vater fertigte mit uns Kerzen, mit wenigen Hilfsmitteln und mit schlechtem wachsähnlichem Material, provisorisch am Bäumchen befestigt. Die Sehnsucht nach Glanz bekam große Augen.

Den ersten Glasschmuck nach dem zweiten Weltkrieg tauschten unsere Eltern gegen abgetragene Kleidungsstücke beim ›Lumpensammler‹. Es waren bunte Glasvögelchen. Und als ich einen eigenen Haushalt gründete, begannen wir, alten Christbaumschmuck zu sammeln.«

(J. W.)

Metallisches aus der Gründerzeit

Lamettaverzierungen, Flitter- und Rauschgold

In den Gründerzeitjahren ergänzten die aus einer plattgewalzten Metalllegierung hergestellten feinen silbernen Streifen oder Fäden, das »Christkindleins Haar«, der »Gold- oder Silberregen«, die »leonischen Drähte« den bisher verwendeten Baumbehang. Die feinen Metallgespinste wurden mit allen möglichen Materialien kombiniert verarbeitet. Leonische Drähte gab es gewellt, spiralförmig, gekraust oder glatt. »Der Begriff ›leonisch‹ lässt sich – wie Barbara Rawitzer in ihrer Würzburger Dissertation über ›Leonische Drahtwaren und Gespinste‹ aus dem Jahre 1988 erläutert – von der Stadt Lyon ableiten, die sich zu Beginn des 16. Jahrhunderts zu einem wichtigen Herstellungszentrum derartiger Ware entwickelt hatte. Von dort gelangte die Metallschlägerei nach Deutschland, wo sie zunächst in Nürnberg und Nachbarorten betrieben wurde.« (Katalog zur Ausstellung: »Bäume leuchtend, Bäume blendend«, Badisches Landesmuseum Karlsruhe, 1996)

Die Glöckchen an der Christbaumspitze werden von leonischen Drähten getragen. Auch die Spitzen-Quaste ist aus diesem Material.

Knitter, Lahn-, Lon-, Flitter- oder Rauschgold nennt man das aus dünnem Messingblech geschlagene polierte Schmuckmaterial, das am Baum so herrlich funkelt, das knittert und rauscht, wenn die Hände damit umgehen. Es kam vorwiegend aus den Metallschlägereien Fürths und wurde zu phantasievollen Gebilden, zu Blüten und Fähnchen verarbeitet. Allerfeinste Plättchen lagen zwischen Pergamentpapier und wurden zum Vergolden von Nüssen und Äpfeln gebraucht.

Wer kennt es nicht, das effektvoll wirkende Eis-Lametta, silbrig oder golden, in glatter Ausführung, das man so behutsam abnehmen musste, damit es im nächsten Jahr wieder verwendbar war? Wer liebte sie nicht, die bürstenförmig zugeschnittenen glitzernden Girlanden, Sterne oder Rosetten? Schmuck dieser Art war billig, gab zauberhaften Glanz und fand deshalb rasch überall Liebhaber.

Selbst in den Kriegs- und Nachkriegsjahren war ein Christbaum ohne Lametta kaum denkbar. Aus Aluminium wurde damals das billige, leichte, eben glanzlose Lametta hergestellt. Das neue Lametta ist ein Produkt aus Kunststoff.

Selbstgebastelter Christbaumschmuck – und mancherlei aus Papier

Zu den ältesten Schmuckteilen gehören die Rosen aus »vielfarbigem Papier«, wie es in den alten Beschreibungen heißt. Papierrosen oder andere Blüten aus Papier (meist Seidenpapier) konnten selbst gefertigt werden. Das Papier wird in Streifen geschnitten und mit geschickten Händen so gedreht und geformt, dass eine Rosenblüte entsteht, die mit Draht fixiert wird. Bis in die 30er Jahre des 20. Jahrhunderts waren Papierrosen dieser einfachen Art verwendeter Christbaumschmuck.

Der selbstgebastelte Christbaumschmuck erlebte mit Beginn des 20. Jahrhunderts eine große Blütezeit, weil im Handel die ersten Bastelanleitungen erschienen. Es gab Vorlagen und Ausschnittbogen für kunstvoll geflochtene Körbchen aus Papier oder Schnur, für durchsichtig geschnittene Netze, in die Süßigkeiten gelegt wurden. Leicht nachzuarbeiten waren die Ketten aus Gold- und Silberfolie, sowie gefaltete oder zierlich ausgeschnittene Papiersterne. Formen aus Pappe konnten bemalt, beklebt und beglimmert werden. Es wurde für den Christbaum mit bunten Fäden gearbeitet, gehäkelt und gestickt, gesägt und geleimt, Tannenzapfen und Nüsse mit Eiweißglasur oder Mehlkleister geweißt, in Goldbronze getaucht oder gar mit Blattgold belegt. Das Selbstgemachte war billig und das Basteln in der Familie erhöhte die Vorfreude auf Weihnachten.

Berta Brück, geboren 1914, Waldenburg-Goldbach, erzählt:
»Meine Mutter verheiratete sich 1913 von Ruppertshofen (Gemeinde Ilshofen) nach Goldbach. Sie schmückte für uns Kinder den Christbaum so, wie es bei ihr zu Hause Brauch war: mit Papierrosen in rot, rosa und weiß. Von meiner Mutter habe ich gelernt, wie man diese Rosen aus Seidenpapier macht. Das Papier kaufte sie beim Buchbinder Friederich in Waldenburg.«

Kerzen und Halter für den Lichterbaum

»...*wie lieblich blüht der Wunderbaum, wenn seine Lichter brennen, ja brennen!*«

So heißt es im Lied. Und heute wie früher sind es die Kerzen, die den Baum in festlichen Glanz hüllen, Kerzen, die wir ganz selbstverständlich in reicher Fülle zur Verfügung haben, die wir mit praktischen Haltern an den Ästen des Baumes befestigen, wenn wir nicht der elektrischen Beleuchtung den Vorzug geben. Die elektrische Beleuchtung kam schon um 1890 auf den Markt. Sie wurde aber zunächst nur an öffentlich aufgestellten Tannenbäumen verwendet.

Der Brauch, Lichter an den Baum zu stecken, kommt von den Adelshöfen und Herrschaftshäusern. Und bis sich der Christbaum allgemein durchsetzte, gehörten Lichter am Baum bereits zur stimmungsvollen Auszier. Nach der Erfindung der Stearinkerzen um 1818 und der Paraffinkerzen um 1837 wurden Kerzen erschwinglicher, so dass sich von da an die breite Bevölkerung diese auch leisten konnte. Bienenwachs war kostbar, die daraus gezogenen Kerzen teuer, sie waren den Reichen vorbehalten. Doch schon früh wurden die Stearin- oder Paraffinkerzen bunt eingefärbt, die Nachfrage war groß.

Es gibt traditionellen und modischen Baumbehang. Alles was diesen Baum schmückt, ist von der Familie gebastelt.

Bis der heute noch gebräuchliche Klemmkerzenhalter erfunden war, wurde mit allerlei Tricks versucht, Licht an den Baum zu bringen. Da gab es Öllämpchen, die oft aus halben Walnussschalen selbst gebastelt und an Schnürchen aufgehängt waren. Es gab gläserne Objekte mit schwimmendem Docht. Manchmal wurden Äste aus dem Baum geschnitten, damit Platz für Querhölzer war, die durch den Stamm gebohrt als Kerzenträger dienten. Holzreifen wurden auf ähnliche Weise befestigt. Kleine Wachsstöcke wickelte man um die Äste. Auch die ersten Kerzen waren eher behelfsmäßig mit Stecknadeln oder heißem Wachs angebracht. Ärmere Familien behalfen sich noch bis ins 20. Jahrhundert mit solchen provisorischen Befestigungen.

Die ersten, um 1879 gefertigten Klemmkerzenhalter, die senkrecht auf die Zweige geklemmt werden konnten, kamen als verspielte Formen wie Schmetterlinge, Engel, Vögel, Blüten, silbrig oder golden, ja sogar farbig auf den Markt. Bald darauf gab es den Halter zum seitlichen Aufstecken, wie wir ihn heute noch benutzen. Die gleichzeitig produzierten, balancierenden Pendelkerzenhalter aus Blei oder Zinn haben hübsch geformte Pendelgewichte, die der Kerze einen aufrechten Stand geben.

Mit dem Anzünden der Kerzen am Christbaum beginnt die Feier des Heiligen Abend. Dieser strahlende Lichterbaum ist, selbst wenn er elektrisch beleuchtet wird, unverzichtbarer Glanzpunkt weihnachtlicher Stuben. Der Tannenbaum als Lichterbaum mit der Bezeichnung Christbaum oder Christkindleins Baum ist jedoch erst seit dem 18. Jahrhundert eindeutig nachweisbar. Dichter dieser Zeit beschrieben kerzenbesetzte Weihnachtsbäume als etwas herausragend Besonderes in Bürger- und Adelshäusern. Als frühester Nachweis von Lichtern am Baum gilt der Bericht der Herzogin von Orleans, Liselotte von der Pfalz, die sich daran erinnerte, dass in ihrer Kindheit – wohl in der Zeit um 1600 – in Hannover für jedes Kind zum Fest ein kerzenbestecktes Buchsbäumchen aufgestellt war.

Die Oberschicht gab wieder das Beispiel, die Mittel- und Unterschicht ahmten, sobald dies machbar war, gerne nach. Bezeichnend ist auch hier wieder das Stadt- Landgefälle mit langem zeitlichem Abstand, wohl hundert Jahre und mehr. In großbürgerlichen Familien der Gründerzeit steigerte sich der Glanz reichbehängter, kerzenüberstrahlter Tannenbäume ins Unermessliche, vor allem da die Glasindustrie sich in der Schmuckherstellung überbot. Welten lagen zwischen den Salons der Wohlhabenden und den Weihnachtsstuben in den engen Stadt- und Landbehausungen.

Aus Untergriesheim wird berichtet (1900), dass zum Engelamt, das am ersten Weihnachtsfeiertag früh um fünf Uhr stattfand, in allen Häusern die Kerzen am Christbaum angezündet worden waren. Damit wurde den Kirchenbesuchern der Weg zur Kirche aus den Häusern heraus stimmungsvoll beleuchtet.

Christbaumständer

Die wenigsten Haushalte auf dem Land waren um 1900 im Besitz eines standfesten, schweren Eisenständers. Man behalf sich in unseren Dörfern und Städtchen lange mit Holzklötzen, kreuzförmigen Holzgestellen oder, noch einfacher, mit einer Futterrübe. Auch ein Schemel mit Griffloch diente diesem Zweck. Der Vorteil dabei: ein untergestellter Wassereimer hielt den Christbaum frisch. Manchmal waren es auch ein sandgefüllter Tonkrug

Als Christbaumständer diente ein schlichter Holzklotz, in den als Halterung ein Loch gebohrt wurde.

oder ein Eimer, die dem Baum Stand gaben. Solche Improvisationen wurden geschickt mit Papier, Tüchern oder Schmuckzweigen verhüllt.

Die altbewährten Christbaumgärtlein gab es in einfachen Haushalten eher selten. Sie waren häufig bei den Bessergestellten anzutreffen. Dabei zählen diese Gärtlein zu den ältesten Christbaumständern überhaupt. Wenn sie manchmal »Paradiesgärtlein« oder »Christgärtlein« heißen, leitet sich diese Bezeichnung wahrscheinlich von den einst zur Weihnachtszeit abgehaltenen mittelalterlichen Paradies- und Weihnachtsspielen mit »Paradiesbäumchen« ab. Solche Gärtlein waren in ganz Deutschland sehr verbreitet und äußerst beliebt. Auch Weihnachtspyramiden waren von einem Gärtlein umgeben. Mit den Auswanderern reisten die Gärtchen, wie der Christbaumschmuck und der Weihnachsbaum-Brauch überhaupt, sogar nach Übersee. Es gab äußerst liebevoll ausgearbeitete Exemplare aus Holz (seltener aus Metall) mit Staketen und Zaunpfosten, Gartentor und Stufen, schön grün, manchmal auch weiß gestrichen. In der Mitte war ein Loch oder eine Art Konus zur Aufnahme des Bäumchens. Meist stellte ein Schreiner die Gärtchen her. Auf Märkten wurden sie angeboten. Zur Freude der Kinder war in den mit Moos oder Stroh ausgelegten »Gärtlich« noch Platz für kleine Figuren, wie Schäfchen, Jesuskind mit Maria und Josef oder gar Adam und Eva aus dem Paradies. Die einfachsten Ausführungen, meist selbst gebastelt,

> *Frau Emilie M., geboren 1915 in Gründelhardt, berichtet:*
> *»Der Christbaum war in einem ›Christbaumgärtle‹ befestigt. Das war ein rechteckiges Brett mit einem Zäunle herum, deshalb ›Christbaumgärtle‹. Es war grün gestrichen und mit Moos ausgelegt. Schäfchen aus Lehm geformt standen im Moos.«*
> *(Aus: »So war's im Winter«, Katalog zur Ausstellung 1995 im HFLM, Schwäbisch Hall-Wackershofen)*

In diesem Christbaumgärtchen (35 × 35 cm) konnte nur ein kleines Bäumchen Halt finden.

waren nur von einem Haselrutenzäunchen umgeben. Es entwickelten sich im Laufe der Zeit aus den Gärtlein ganze Miniaturgartenlandschaften, die sogar Zimmergröße erreichen konnten.

Die gusseisernen, industriell gefertigten Christbaumständer gab es etwa ab 1860. Die Hersteller entwickelten die unterschiedlichsten Modelle in einer variationsreichen Formenvielfalt, sogar mit Spieluhr und Drehvorrichtung. Ein gusseiserner Christbaumständer, den man sich auf dem Land aber erst nach dem Zweiten Weltkrieg leistete, wurde um das Jahr 1905 für etwa 2,50 Mark angeboten.

> »Der Christbaum war eine 1,20 m hohe Fichte aus dem eigenen Wald. Er stand auf dem Backtrog, der bei uns in der Stube seinen festen Platz hatte, weil die Küche zu klein war. Als Ständer hatten wir einen Holzklotz mit einem Loch. Die Mutter umwickelte den Klotz mit einem Seidenpapier, das sie mit einem ›Mäschle‹ befestigte.«
> (Berta Brück, geboren 1914, Waldenburg-Goldbach)

> »Und ihm fiel das Gärtle für den Weihnachtsbaum ein, das er in seiner Werkstatt als Bataillonsbüchsenmacher, droben in der Rotebühlkaserne, gemacht hatte, ein sauber vernietetes Stück Arbeit, freilich etwas, das er nebenher gebastelt hatte und das jedem Feinmechaniker zwar solide, aber nicht bewundernswert erschien; es sollte nur der Christbaum darin stehen können und hübsch sein; also ein Gartenzaun aus Eisen, der an den Rändern einer Stahlplatte festgemacht war. Es sah nett aus; vorne war ein Gartentürchen und in der Mitte die Metallröhre, in die der Stamm des Christbaumes hineingesteckt wurde. Hinterm Zaun wurden die Krippe und die Könige aus dem Morgenland aus farbigem Wachs aufgestellt. Den Weihnachtsbaum behängte er mit massiven, dunkelblauen und silberglänzenden Glaskugeln, die auf den Boden fallen konnten, ohne zu zerbrechen.«
> (Aus: »Verlassene Zimmer« von Hermann Lenz, Frankfurt am Main: Suhrkamp, 1979; Hermann Lenz ist am 26.2.1913 in Stuttgart geboren und lebte von 1913 bis 1924 in Künzelsau.)

Die Weihnachtskrippe

Der Kaiser in Rom, der Stadthalter von Syrien und die Hirten auf dem Felde Bethlehems nehmen einen größeren Raum in der Weihnachtsgeschichte ein als die Geburt Jesu. In aller Schlichtheit schildert Lukas im Weihnachtsevangelium: »... und sie gebar ihren erstgeborenen Sohn, hüllte ihn in Windeln und legte ihn in eine Krippe, weil nicht Platz für sie war in der Herberge.« (Kapitel 2, Vers 7)

Darstellungen der Christgeburt führen weit zurück. Bereits im Mittelalter veranschaulichten liturgische Spiele zu Beginn des Gottesdienstes das Geschehen der Heiligen Nacht. Dietz-Rüdiger Moser: »Dass dieses Krippenspiel nun über den Kirchenraum hinauswuchs, in den freien Raum und dann in die Häuser der Gläubigen drang, geht auf Franziskus von Assisi und die Krippenfeier zu Greccio im Jahre 1223 zurück.« Was Franz von Assisi damals in Greccio darstellte, liegt nicht im Bereich der Legende, wie immer wieder angenommen wird. Dietz-Rüdiger Moser widerlegt dies mit der von Thomas von Celano über Franziskus von Assisi geschriebenen Biographie. Danach sagte Franziskus zu seinem Mitarbeiter Johannes: »Ich möchte [...] das Gedächtnis an jenes Kind begehen, das in Bethlehem geboren wurde, und ich möchte die bittere Not, die es schon als kleines Kind zu leiden hatte, wie es in eine Krippe gelegt, an der Ochs und Esel standen, und wie es in Heu gebettet wurde, so greifbar wie möglich mit leiblichen Augen anschauen.«

Eine Hauskrippe wie diese ist in vielen Familien zu finden.

Krippefiguren werden auch aus Zinn gegossen. (Weygang-Zinn, Öhringen)

Zu dieser Art von Krippenfeier hat sich Franziskus eigens vom Papst die Erlaubnis geholt. Sie hat also tatsächlich stattgefunden. Doch der Erfinder der Krippe war Franz von Assisi wohl nicht, da zuvor schon von Krippenspielen berichtet wird. Sicherlich hat der heilige Franziskus aber zur Verbreitung der Krippen beigetragen. In den Klöstern der Dominikanerinnen wird das Krippenspiel zum »Kindleinwiegen« ausgeweitet. Die älteste in Süddeutschland erhaltene Krippe befindet sich im Augsburger Dom. Kardinal Otto Truchseß von Waldburg hatte als Bischof der Diözöse Augsburg wohl um 1550 deren Herstellung veranlasst. Diese Epoche war eine Phase des Umbruchs: Entdeckung Amerikas, Reformation, Bauernkrieg. Die bildhafte und konkrete Darstellung der Weihnachtsgeschichte in Form einer Krippe bot in der zusammenbrechenden Weltordnung des 16. Jahrhunderts eine klare Orientierung. Ausgehend von österreichischen Jesuiten wurden Krippen in Süddeutschland eingeführt. Schließlich entfalteten Krippen ihren vollen barocken Prunk in der Gegenreformation. Aus den Paramentenwerkstätten der Klöster kamen die kostbarsten Figuren. Aus Holz oder Wachs sind Köpfe und Hände geformt, aus beweglichem Drahtgestell die Körper. Mit Stoff wie Brokat, Samt und Seide bekommen solche Figuren ein prachtvolles Aussehen. Im ausgehenden 18. Jahrhundert wurde das Aufstellen von Krippen in Kirchen untersagt, weil »[...]das neue Denken der Aufklärung alle rational nicht begründbaren Traditionen in Frage stellte«. (Werner Mezger) Doch als die Geistlichkeit den szenischen Darstellungen der Weihnachtsgeschichte in den Kirchen den Kampf ansagte, gelangten Hauskrippen in den Familien zur Hochblüte.

Künstler und Volk griffen das Thema Krippenbau auf. Eine lebendige Szenerie von Figuren und Krippenhäusern bildete sich heraus. Das Geschehen der Christgeburt wurde in die heimisch-ländliche Landschaft versetzt, in Ställe, Gebäude und Höhlen aus allerlei Materialien, nach allen Geschmacksrichtungen. Häufig wurden knorrige Wurzelstöcke aus dem Wald als Krippenraum und Hintergrund aufgebaut. Das Bild der heimischen Landschaft wird heute noch gerne mit Hilfe von Tannenreisig, Tuffsteinen, Rinde und Moos aus der Natur geschaffen.

Sowohl in prächtigen Barockschlössern als auch in einfachen Stuben war bei Katholiken die Krippe unverzichtbarer Mittelpunkt weihnachtlicher Festgestaltung, lange ehe der Christbaum Eingang fand. Die ganze Familie versammelte sich um die Krippe.

In manchen Familien wird schon Tage vor dem Fest mit dem Aufbau begonnen. Es werden Moos, Rinde und Tannenreisig gesammelt, auch Steine und Sand, Heu und Stroh zusammengetragen. Alles wird liebevoll vorbereitet und arrangiert, bis ganz zuletzt am Heiligen Abend dann von der Mutter oder einem Kind der Familie mit viel Liebe und Fürsorge das Jesuskind in sein Krippen-Bettchen gelegt wird.

Papierkrippen

Weit verbreitet und besonders beliebt waren über viele Generationen die heute kaum mehr auffindbaren Papierkrippen. Nina Gockerell schreibt dazu: »Auch ihre Geschichte reicht ins 18. Jahrhundert zurück, als begabte Freskanten zur Winterzeit, wenn an den Deckenfresken neuerbauter Kirchen nicht weitergearbeitet werden konnte, auf starken Karton

Diese Aufstellkrippe aus bedrucktem Karton (um 1900) Breite: 15, Höhe: 12, Tiefe: 5 cm, entfaltet sich mit einer einzigen Verschiebung zu ihrer vollen Tiefe auf vier Ebenen (Pergament im Fenster fehlt). Sie zeigt starke Gebrauchsspuren, ein Zeichen dafür, dass sie häufig benutzt wurde.

> *»Auf das Herrichten und Aufstellen der Krippe freuten wir uns mit dem Vater das ganze Jahr. Wir waren überzeugt, dass wir die schönste Krippe in der ganzen Gemeinde hatten. Sie war aus Holz, denn der Vater war schließlich Schreinermeister. Drei Wochen vor Weihnachten holte er die Krippe von der Bühne herab, wo sie während des Jahres, in Schachteln verpackt, aufbewahrt war. Dann wurden die einzelnen Figuren in Gruppen gelegt: die Heilige Familie, neben ihr die Engel, dann die Hirten mit den Schafen, die Heiligen Drei Könige mit Gefolge und Tross und schließlich Ochs und Esel. Jede Figur wurde genau untersucht, ob etwas zu leimen oder mit Farbe auszubessern wäre. Stücke, die zu ersetzten waren – etwa ein verschwundenes Schaf oder ein Engel – wurden vom Vater neu geschnitzt. Waren die Figuren hergerichtet und alles wieder im Schuss, wurde die Krippe im Herrgottswinkel aufgestellt. Das notwendige Reisig zum Ausschmücken hatte man im Wald geholt. Kerzen wurden aufgesteckt, und über der Krippe stand ein großer Stern in Gold. Engel hingen an Tannenzweigen, die Hirten mit ihren Schafen standen im grünen Feld, und aus dem Hintergrund kamen die Drei Könige mit Pferden, Kamelen und Reitern hervor. Zuletzt wurde die Heilige Familie aufgestellt. Das Christkind aber kam erst am Heiligen Abend in die Krippe.«* G.K.
> (Paul Löcher: *»Wie's einstens war zur Weihnachtszeit«*, S. 98/99, Ostfildern: Schwabenverlag, 1979)

– oder zuweilen auch auf Blech – Krippenfiguren malten. Sie waren zunächst wegen ihres hohen künstlerischen Ranges beim Adel beliebt, der sich ganze Jahreskrippen, mit deren Figuren alle Ereignisse des Kirchenjahres aufgebaut werden konnten, bestellte.« (Aus: »Papierkrippen unterm Weihnachtsbaum«, Katalog zur Ausstellung »Weihnachtszeit« im Bayerischen Nationalmuseum 2000)

Figuren für Krippen waren auf Papierbogen gedruckt, die ausgeschnitten und bemalt werden konnten. Ausschneidebögen sind später natürlich auch in Farbdruck erschienen. Einzelfiguren wurden mit Vorliebe in Mooslandschaften gestellt. Die Formenvielfalt ließ alle Kreativität zu.

Gegen Ende des 19. Jahrhunderts brachte dann die Luxuspapierbranche etwas Neues heraus: Faltkrippen aus Karton, geprägt und vielfarbig bedruckt. Diese Aufstellkrippen waren leicht zu handhaben, platzsparend aufzubewahren, und als sie schließlich mit der größer werdenden Nachfrage billiger produziert werden konnten, vor allem in kleinbürgerlichen Kreisen und auch in evangelischen Familien beliebt und begehrt. Das erfahren wir für unsere Gegend sowohl im katholischen Teil des Jagsttales als auch im evangelischen Gebiet der Hohenloher Ebene.

Das Weihnachtsfest

Die Datierung

Der Datierung des Weihnachtsfestes, also des Festes der Geburt Christi am 25. Dezember, geht eine lange Geschichte voraus, die mit weltanschaulichen Bewegungen des 3. und 4. Jahrhunderts n. Chr. ebenso zu tun hat wie mit dem Termin heidnischer Sonnenkults verschiedener Kulturen zur Mittwinterzeit.

Unser heutiges Weihnachtsfest am 25. Dezember war den Christen in den ersten drei Jahrhunderten völlig unbekannt. Die Geburt Christi war für die christliche Kirche damals kein Feiertag. Die Urkirche feierte nicht die Geburtstage, sondern die Todestage, wie den Kreuzestod Christi oder den Tod der Apostel und Märtyrer. Tod und Auferstehung interessierten die ersten Christen viel mehr als Gottes Menschwerdung. Auch die Heilige Schrift gibt uns keine genaue Kunde von dem Tag der Geburt Christi.

Vor dem Hintergrund der unlösbaren Datumsfrage hielt sich im 4. Jahrhundert lange der Konflikt, ob am 25. Dezember oder am 6. Januar die Geburt Christi gefeiert werden solle. Schließlich wurde das Fest der Geburt Christi innerhalb des römischen Reiches den um die Mittwinterzeit bis dahin gefeierten heidnischen Festen (Mithraskult) entgegengesetzt. Doch lange Zeit mussten die Christen noch aufgerufen werden, an diesem Tag nicht wie die Heiden die Sonne anzubeten. Im Unterschied zum Osterfest, das vom Mondjahr bestimmt wird, geht also das Weihnachtsfest vom Sonnenjahr aus.

Im deutschen Sprachraum erklärte 813 die Synode von Mainz die Christgeburtsfeier am 25. Dezember zum kirchlichen Feiertag. Zunächst trug das Fest die Bezeichnung »Geburt des Heilands« oder »Fest der Geburt Christi«. Die deutsche Bezeichnung Weihnachten wird 1170 erstmals literarisch erwähnt, und zwar in einem Gedicht des bayerischen Spielmanns Spervogel. Das Wort kommt aus dem mittelhochdeutschen »zu den wihen nahten« und heißt so viel wie »in den heiligen Nächten«.

Dass man Weihnachten heute bereits mit dem Abend des 24. Dezember beginnt, beruht auf einer liturgischen Regel. Auf alle großen Feste stimmten sich die Christen wachend und betend ein. Die allseits bekannten Mitternachtsmetten, Christvespern oder Gottesdienste in den frühen Morgenstunden des 25. Dezember sind damit der eigentliche Beginn des Weihnachtsfestes. Es dauerte noch lange, bis Weihnachten auch im privaten Bereich seinen festlichen Charakter bekam.

»Früher stand die Feier der Christnacht im Vordergrund. Sie wurde – nach altem Brauch und Herkommen – bis zur Christmette von den Herren Bürgermeistern und den ehrbaren Räten auf dem Rathaus verbracht, wo man Wache hielt. Die Ratsherren und die Bürgermeister hatten dabei verständlicherweise auch eine Verzehrrechnung. Auch Mysterienspiele an Weihnachten sind belegt. So heißt es 1621, dass dem Schulmeister und den Jungen 1 Gulden 4 Pfg. als Zehrgeld gegeben worden sei, als sie auf die Heilige Weihnacht ein ›Gespräch von Christi Geburt‹ gehalten. 1569 führten die Grünsfelder ›das Spiel von der Geburt Christ‹ in Lauda auf. In der

Schlosskapelle wurde an Weihnachten eine Messe gehalten.« (Dr. Elmar Weiß: »Geschichte der Stadt Grünsfeld«, Osterburken, 1981)

Die Zeit des Biedermeier mit der Entstehung inniger Weihnachtslieder hat bis heute das Bild des Weihnachtsfestes bestimmt. Vorbild für diese Idylle waren die Feste der Reichen und Adeligen, deren Art zu feiern nach und nach auch die besser gestellte bürgerliche Gesellschaft übernahm. Losgelöst vom rein kirchlichen Fest wandelte sich Weihnachten zum privaten Geschenkfest der Familie.

Weihnachtsanläuten und Weihnachtssingen, Engelesblasen und Christmette

Engelmotive gehören zu Weihnachten. Dieser Papierengel (Oblate) ist hundert Jahre alt.

Wie das neue Jahr, so wurde auch das Weihnachtsfest feierlich eingeläutet und angeblasen. Auch von öffentlichem Weihnachtsgesang ist zu hören. Das Weihnachtsanblasen war Aufgabe der Türmer und Stadtmusikanten. In den Dörfern stimmten die Musikanten von einer Anhöhe, auf der gleichzeitig ein Feuer entfacht wurde, auf das Fest ein. In Öhringen und Künzelsau spricht man vom »Engelesblasen«.

Engelesblasen in Öhringen:
»Die Musikanten kamen mit ihren Laternen auf den Kranz des Kirchturmes und haben mit ihren Laternen so getan, als ob sie fliegen, dann haben sie die Laternen niedergestellt und ihre Noten aufgeschlagen, da sind noch mehr Engelchen herangeflogen gekommen, haben sich rechts und links eingeordnet, und dann hat es angefangen. Vom Himmel hoch, da komm ich her... Ein paar Laternen wurden als Engelchen nach unten gelassen und hin und her geschwenkt, wie wenn sie hin- und herfliegen. Dann haben sie noch zwei Arien nach der anderen Seite und so nach allen vier Seiten geblasen... Das Engelblasen wurde am Heiligen Abend nach 24 Uhr und am Jahresende um 19 Uhr und um 24 Uhr wiederholt. Der Kirchplatz war voller Menschen.«

(nach Kramer, aus: Weihnachten in Franken von Karlheinz Goldmann)

In Künzelsau ist das »Engelesblasen« heute noch eine liebenswerte Gepflogenheit. (s. Silvester)

Weihnachtssingen

Im Heimatbuch Ingelfingen, S. 341, wird schon zu Beginn des 19. Jahrhunderts vom Weihnachtssingen der Schüler berichtet. »Die ›Weihnachtsschüler‹ (also die Sänger, die mit den Lehrern an Weihnachten im Ort herumziehen, singen und Gaben – für die Lehrer –

einsammeln) erhalten ›nach alter Observanz‹ 15 Kreuzer (1802)«. Weiter steht dort: »Am 24.12.1887 berichtet der ›Kocher-Jagst-Bote‹ von einem Weihnachtsbrauch, der an den zu Beginn des 19. Jahrhunderts aufgegebenen Schülergesang anknüpfend entstanden war: ›In dem stets konservativ gesinnten Ingelfingen und Criesbach hat sich eine alte, christ-religiöse Sitte erhalten. Es ist dies der sogenannt Weihnachtsgesang. In Criesbach versammelt sich nämlich am Nachmittag des Weihnachtsfestes eine große Schar aus allerlei Volk auf der Straße und zieht, geistliche, liebliche Lieder singend durch das Dorf. In Ingelfingen geschieht dasselbe abends nach Sonnenuntergang.‹« (Jürgen Hermann Rauser: Ingelfinger Heimatbuch, 1980)

Die Christmette

Nach dem Läuten oder Blasen, nach dem Entzünden der Feuer oder Anschießen durch Freudensalven besuchte man in der Heiligen Nacht die Christmette, die bei den katholischen Christen um Mitternacht begann. In neuerer Zeit ist die Christmette der Katholiken auf den Abend verlegt. Auch die evangelischen Christen feiern am Heiligen Abend eine Christmette oder Christvesper, manche Gemeinden mit Krippenspiel.

Das Schenken, Tradition oder Kommerz?

Was werden wir schenken? Ist es nicht so, dass wir uns schon Wochen vor dem Fest die bange Frage stellen: »Was werden wir schenken, womit können wir unsere Lieben erfreuen?« Das Kaufangebot ist groß, das Passende zu finden dagegen schwer.

Beim Blick zurück stellen wir fest, dass noch in der Kindheit unserer Eltern oder Großeltern das gegenseitige Beschenken wenig Kopfzerbrechen bereitete, denn das Beschenken unter Erwachsenen war, zumindest in ländlichen Regionen, lange nicht üblich. Die Kleinen aber freuten sich über Socken oder Handschuhe aus Mutters Hand ebenso wie über einen neuen Griffelkasten oder ein Puppenkleidchen. Sie freuten sich, wenn die Puppenstube mit den kleinen Püppchen und Möbelchen vom vergangenen Jahr, der Kaufladen aus alter Zeit oder das Schaukelpferd erneut unter dem Christbaum standen, weil sie wussten, dass bald nach Weihnachten all diese Herrlichkeiten wieder weggeräumt werden würden, damit ja nichts kaputt ging. Die nächste Generation sollte sich auch noch daran erfreuen.

»Die Geschenke waren meist praktisch. Aber Jahr für Jahr freuten wir uns an dem Spielzeug, das nur über Weihnachten aufgestellt wurde: die ›Doggaschduub‹ (Puppenstube) und ›Doggakich‹ mit Spiritusherd für die Mädchen, der ›Kaaflooda‹ (Kaufladen) für beide Geschlechter, und Eisenbahn oder gar Dampfmaschine für die Buben. Da hatte man für die nächsten Tage genug zu spielen. Zudem brachten die Verwandtenbesuche Unterhaltung und weitere Geschenke, das ›Doudasach‹, sofern die Eltern nicht ›weddgschloocha‹ (wettgeschlagen) hatten und aus Geldmangel die Patengeschenke unterblieben.«
(Walter Hampele:»Dorfleben und Brauchtum im Jahreslauf, Erinnerungen eines Hohenloher Bauernbuben.« Schwäbisch Hall: Oscar Mahl, 2. Auflage 1989)

Der Unterschied zwischen früher und heute ist vor allem noch jenen gut in Erinnerung, die ihre Kindheit und Jugend in den entbehrungsreichen Kriegs- und Nachkriegsjahren zwischen

Ein Schimmel mit langem Schweif

»*Wir lebten in bitterer Not, damals 1945, als wir nur ein undichtes Barackendach über dem Kopf hatten, als unsere Eltern für die siebenköpfige Familie zuallererst für Nahrung, Kleidung, Schuhe und eine warme Stube sorgen mussten, weil der Krieg nur Trümmer übrig gelassen hatte. Auch jegliches Spielzeug war verloren.*

Vater bekam in ›unserer Baracke‹ einen zusätzlichen Raum, in dem er notdürftig seinen Friseursalon einrichtete. Doch wenige gingen damals zum Friseur. Also musste Vater zusehen, zusätzlich außerhalb des Ortes seine Kundschaft zu finden, die er dann selbst mit dem Fahrrad aufsuchte. Sein Lohn für Haarschneiden und Rasieren wurde mit Essbarem abgegolten.

Nun ging es Weihnachten zu, und, so dachte er, da war doch sicher noch irgendwo ein ausgedientes Spielzeug für seine Kinder zu finden. ›Du, Wilhelm,‹ sagte dann auch ein Kunde draußen in einem kleinen Dorf, während ihm Vater seine Haare richtete: ›ich habe oben auf meinem Dachboden noch etwas liegen, das wäre etwas für deinen Jungen!‹ – Ich war damals noch nicht ganz fünf Jahre alt und der einzige Bub in der Familie. – Was da oben auf der Bühne lag, stellte sich als ein altes, reparaturbedürftiges Schaukelpferd heraus. Auf dem Fahrrad konnte er das Pferdchen nicht mitnehmen, also wurden meine beiden älteren Schwestern, damals 14 und 12 Jahre, gebeten, das Pferdchen mit unserem Leiterwägelchen zu holen. Sicher waren beide nicht sehr begeistert, in der Winterzeit 10 km Fußmarsch für ihren kleinen Bruder zu unternehmen. Die Straße war noch nicht asphaltiert und daher beschwerlich mit dem Wägelchen zu fahren.

Das Schaukelpferd brauchte neue Kufen und einen neuen Schweif, deshalb wurde es zunächst in eine Wagnerwerkstatt zur Reparatur gebracht. Erst am Heiligen Abend durfte das Pferdchen beim Wagner abgeholt werden, damit ich es ja zuvor nicht sehen konnte. Die Überraschung war groß. In unserer gemütlich hergerichteten Barackenwohnung stand neben dem Christbaum ein großes stattliches Schaukelpferd, ein Schimmel mit schönem langem Schweif. Ich war überglücklich, und mein ›Hossegaul‹ machte mich froh, denn er war mein eigener und ich durfte ihn behalten. Ich besitze das Pferdchen heute noch, obwohl wir es fast zu Tode schaukelten, wenn zwei auf dem Rücken saßen und einer quer auf den Kufen lag um auch mitzuschaukeln.«

(Theo Götz, Waldenburg)

1940 und 1950 in oft völlig zerstörten Städten und Dörfern verbrachten oder die als Vertriebene und Flüchtlinge allen Besitz zurücklassen mussten. Einfachheit und Bescheidenheit waren auch zu dieser Zeit ein Gebot der Stunde. Zwar drückten die Eltern große Sorgen, dennoch erlebten die Kinder die Festtage wie himmlische Freuden. Das Selbstgemachte wurde geschätzt und als Heimlichkeit oft im Verborgenen gefertigt, was als Geschenk für Weihnachten gedacht war.

Es wurde gestrickt und genäht, gehäkelt und gestickt, gesägt und gehämmert, geleimt und gemalt, damit die Überraschung am Heiligen Abend gelang. Es hieß: »Die Eltern müssen dem Christkind helfen«. Und so versuchten sie auch in Notzeiten ihren Kindern eine Weihnachtsüberraschung zu bieten.

Ein eigener Puppenherd war der Stolz der Mädchen.

*Baukästen gab es in allen Größen und Preislagen.
Es war das bevorzugte Geschenk für Buben.*

Jahr für Jahr stand auf dem Wunschzettel der Mädchen: »Neue Kleider für die Puppe«.

Die Kunst des Schenkens

Voller Geheimnisse war diese Zeit für uns Kinder. Ich selbst ging jeden Morgen durch die Zimmer und suchte auf dem Boden nach kleinen Zeichen, die das Christkind hinterlassen haben könnte. Meine Mutter wusste diese vorweihnachtliche Freude noch zu steigern, indem sie da und dort einen silbernen Lamettafaden verlor, der, wie sie sagte, gewiss vom Christkind kam.

Geschickte Väter reparierten, leimten und sägten jetzt für ihre Kleinen; da war das Schaukelpferd neu zu streichen, Puppenmöbel zu reparieren oder der Baukasten frisch zu bekleben, ja, sie fertigten Weihnachtskrippen und ganze Puppenhäuser. Größere Kinder konnten sich den geheimnisvollen Vorbereitungen mit eigenen Handarbeiten für die Eltern oder die kleineren Geschwister anschließen: Buchhüllen, Lesezeichen, Tabaksbeutel, Taschentuchbehälter, ausgenähte Deckchen und vielerlei mehr entstanden in der Freude am Gestalten.

Befragen wir ältere Menschen, können alle Ähnliches erzählen. Nicht Geben und Nehmen, sondern Freude, Nähe, Zuneigung und Dankbarkeit prägen die erwartungsfrohe Zeit im Advent. Sind es nicht die mit Hingabe gefertigten oder die besonders liebevoll ausgewählten kleinen Dinge, die unsere Herzen beglücken? Nach wie vor ist das Hauptmotiv weihnachtlichen Schenkens Liebe und Güte.

Der Einfluss höfischer Geschenkriten

In der Biedermeierzeit wandelte sich Weihnachten zum Bescherfest. Ingeborg Weber-Kellermann formuliert dies so: »In den Stadthaushalten formte sich allmählich unter dem Einfluss höfischer Geschenkriten das Gabenfest um den Weihnachtsbaum.« Sie sagt weiter: »In einem entscheidenden Wandlungsprozess hatte sich das Gesamtbild häuslichen Lebens verändert. Die große Haushaltsfamilie als ländlich-bäuerlich oder städtisch-handwerkliche Produktionsgemeinschaft wurde zur Kleinfamilie der Industriegesellschaft.«

In dieser behüteten familiären Häuslichkeit durften Kinder nun anders als zuvor kindgerecht heranwachsen. Spielzeug wurde von nun an, auch aus pädagogischer Sicht, ein wichtiger Geschenkartikel. Und wenn Christkind und Weihnachtsmann die Rolle der geheimnisvoll Schenkenden übernahm, erhöhte diese Art der Gebergeste das Erziehungsprogramm der Eltern. Auf diese Weise wurde im 19. Jahrhundert allerdings nur in den wohlhabenden Bürgerfamilien beschert. Die Arbeiter- und Bauernkinder erlebten solche Beschenkrituale – wenn überhaupt – erst viel später und natürlich weitaus bescheidener.

In größeren Städten, vor allem da, wo es bereits gut bestückte Weihnachtsmärkte gab (zu den ältesten Weihnachtsmärkten gehört der seit 1679 genannte Nürnberger »Christkindelmarkt«), und dort, wo sich mit der aufkommenden Industrie Ende des 19. Jahrhunderts ein besserverdienender Mittelstand herausbildete, mag das Beschenkverhalten anders gewesen sein. Das ausgebreitete Angebot vermehrte die Kauflust und die bange Frage nach Geschenken für die Lieben zu Hause machte sich bald breit.

Besonders an Weihnachten wurden die Märkte mit Spielzeug beschickt, denn Weihnachtsmann und Christkind mussten unzählige Wunschzettel

Drei Generationen spielten mit dieser Puppenstube, daher steht ganz altes und neues Mobiliar nebeneinander.

erfüllen. Anfang des 20. Jahrhunderts übernahmen zunehmend die Kaufhäuser die Funktion der Spielzeugmessen und Weihnachtsmärkte. In den Marktflecken wie Kirchberg, Blaufelden, Künzelsau oder Niederstetten, um nur einige zu nennen, boten die örtlichen Geschäfte Ende des 19. Jahrhunderts Puppen und Spielwaren, Bilder- und Märchenbücher sowie Christbaumschmuck und Christbaumständer an.

Sicher war diese winzig kleine Hühnerfamilie aus Zinn (von Weygang-Zinn, Öhringen) Ende des 19. Jahrhunderts für Stadtkinder ausgedacht.

»Der Vaterlandsfreund«
26. November 1892

»Der Vaterlandsfreund«
1. Dezember 1892

Heiliger Abend

Warten bis das Glöckchen läutet

Die ruhelose Zeit der Vorbereitungen ist beendet, die Wohnung festlich geschmückt und jeder bemüht, den lang erwarteten Heiligen Abend feierlich mitzugestalten. Jedes Jahr vollziehen sich die familieneigenen Rituale auf ähnliche Weise, wenn die Stunde der Bescherung gekommen ist. Häufig geht dem Zeremoniell ein bescheidenes Abendessen voraus, so war es früher und so ist es in vielen Familien noch heute: Es gibt »Kartoffelsalat mit Saitenwürstle«. Das Festtagsessen ist für den Ersten Weihnachtsfeiertag gedacht.

Erinnern wir uns an die Tage der Kindheit, so hören wir der Eltern Wort: »Ihr müsst warten bis das Glöcklein läutet«. Erst wenn Vater oder Mutter die Wohnzimmertüre öffnete, folgte nach langen Stunden des Wartens die große Freude. Das Ergebnis brachte ein Strahlen, Staunen und Wundern hervor. Gebäckteller und Geschenke standen in greifbarer Nähe; doch beim Schein der Kerzen wurde, je nach Frömmigkeit der Familie, zuerst gebetet, das Weihnachtsevangelium gelesen und die vertrauten Weihnachtslieder gesungen. Die Eltern bestimmten, wann die Kinder zu ihren aufgebauten Geschenken gehen durften. Dann aber waren die Buben und Mädchen nicht mehr zu halten.

Christkindleins Baum – der Kinder Traum

Es ist Heiliger Abend. Im kleinen Dorf geht zunächst alles seinen gewohnten Gang. Doch gegen Abend, kaum wahrnehmbar, umgibt beschauliche Ruhe jedes Haus. Hinter Türen und Fenstern tauschen auf heimliche Weise Alltag und Festtag ihren Platz.

Wie war es damals, in den 20er Jahren, als in den Stuben der bäuerlichen Familien die Weihnachtsfreude einzog? Frühzeitiger als sonst ist des Tages Arbeit beendet, das Vieh versorgt, das Abendessen – einfach wie immer – eingenommen. Aber das Besondere dieses Tages, das Herrichten des Christbaumes, will noch besorgt werden. Alles liegt bereit: der Baum, der Ständer, die Kerzen und der Schmuck, auch die aufklappbare bunte Kartonkrippe, an der die Nachbarsbuben letztes Jahr so viel Freude hatten. Die kleinen Geschenke für die Kinder sind fertig, und das Backwerk ist hergerichtet.

Die Kinder sind heute besonders brav. Folgsam lassen sie sich in die Küche oder zur Großmutter in die abseits gelegene Kammer schicken. Etwas ungeduldig, doch in glücklicher

---

Dorfweihnacht

In der heiligen Nacht ist die Botschaft von Bethlehem auf weißem Sand geschrieben,
über verschneite Dächer und Höfe silbert Mondlicht den biblischen Text.
Göttliche Verheißung entzündet die Kerzen, und vom Kirchenschiff
wehen die frommen Gesänge in das Gebet sternlichter Gassen.
Choräle frohlocken das Wunder der göttlichen Geburt dem Unendlichen zu.
Aus den Sakristeien der Wälder schreitet die Ehrfurcht der Schöpfung
zu den erleuchteten Altären im Dom der Ewigkeit.

Erich Wappler (Frankenspiegel, 24. Dezember 1964, Kreisarchiv Schwäbisch Hall)

»Bis es soweit war, dass wir den Baum sehen durften, schickte Mutter uns fünf Kinder im Alter von 3 bis 11 Jahren die Treppe hoch zur Base Knorr. Das war unsere liebenswerte, schon hoch betagte Hausbesitzerin. Die Eltern mussten ja dem Christkind zur Hand gehen. Fast andächtig, nur manchmal leise nach dem Kommen des Christkinds fragend, warteten wir im immer dunkler werdenden Zimmer auf den leisen Ton des Glöckleins, das zur Bescherung klingelte. Die Base zündete kein Licht an, denn wir Kinder schauten so gerne durch die Fenster in die Nacht. Nur im gusseisernen Stubenofen flackerte ein Feuer. Wir suchten die Sterne am Himmel, weil von dort das Christkind kommen musste. Mutter sagte, wenn wir nur recht schauten, würden wir wenigstens noch einen Schein vom Christkind erblicken. Und so war es! Unsere Phantasie und Vorstellungskraft machte ein ahnungsvolles Schauen möglich. Später im Erwachsenenalter erzählten wir uns oft, dass wir damals am Himmel das Christkindle tatsächlich gesehen hätten. Von der Treppe her vernahmen wir das Läuten des Glöckchens. Wir durften kommen. Wie verzaubert betraten wir das Weihnachtszimmer. Schöneres konnte es nicht geben. Wir blickten lange Zeit nur auf den Christbaum, der strahlenden Herrlichkeit. Er stand auf einem Schemel im hölzernen Gärtchen, bis zur Zimmerdecke reichend. Ein wahrer Wunderbaum. Darunter unsere Geschenke. Daneben war liebevoll die Krippe aufgebaut.«

(J. W.)

Die Puppen aus den 30er Jahren und das Leiterwägelchen aus den 50er Jahren haben schon viele Kinderherzen erfreut.

Heiliger Abend

Zu Ende geht nun das wogende Treiben der Massen.
Verrauscht der Lärm vom geschäftigen Tun,
still wird es nun auf den Straßen und Gassen.
Aus allen Häusern strahlt festlicher Glanz,
und von der Türme frohragendem Kranz
ertönt mit den dröhnenden Festglocken all
hehr der Posaunen vielstimmiger Schall:
Ehre sei Gott in der Höhe.

Heilige Weihnacht! Verklungen zumal
die Klänge aus ehernem Munde.
Rings lautlose Stille. Im Mondenstrahl
blinkt feenhaft die nächtliche Kunde.
Und Stern an Stern in funkelndem Prangen
ist grüßend am Himmel aufgegangen,
um auszugießen in lichtblauer Nacht
mit voller, zaubernder Wundermacht:
Friede den Menschen auf Erden.

Heilige Christnacht! Seliges Schweigen.
Versunken die Welt in Träumen, in Tiefen der Liebe.
Engelein niederwärts steigen zum Raume
dem Kleinsten, dem Ärmlichsten,
um zu versüßen der Leidenden Schmerz,
zu trösten das bange, das zagende Herz,
und segnend zu bringen, so lind und so süß,
die Wunderblume vom Paradies.

Josef Helmer, Waldenburg (1877–1952)

Erwartung verfolgen sie hinter verschlossenen Türen alle vernehmlichen Geräusche, denn heute ist das »Christkindle« unterwegs. Es bringt den Christbaum und gewiss noch etwas anderes dazu.

Vater ist eben dabei, das Bäumchen in den Ständer einzupassen. Es ist ein mit einem Loch versehener nicht zu großer aber sicher stehender Holzklotz. Manche Männer schneiden zu diesem Zweck auch eine Futterrübe zurecht. Und wenn die Frauen mit Tannenzweigen oder hübschem Papier diese Halter abdecken, ist ja auch egal, was sich darunter verbirgt, Hauptsache, der Baum steht gerade und fest. Andere im Dorf, es sind meist die Wohlhabenderen, können ihren Baum in das grün gestrichene »Christbaumgärtle« stellen, das sicher schon viele Male Weihnachten erlebt hat. Es wird mit frischem Moos ausgelegt, auf dem dann ein paar Schäfchen weiden, bei manchen finden darin auch Maria und Josef mit dem Kind in der Krippe Platz. Der Tannenbaum ist nicht groß. Er hat jedes Jahr seinen Platz auf der Kommode und reicht von da kaum bis an die Decke. Der Vater achtet darauf, dass er schön gleichmäßig gewachsen ist. Er hat einen Blick dafür, wenn er die junge Fichte im Wald aussucht. Wer sein Bäumchen bei der öffentlichen Versteigerung kaufte, musste je nach

Wuchs für einen Meter 20 bis 50 Pfennige ausgeben.

Während Vater im Stall noch einmal nach dem Rechten sieht, denn auch den Tieren soll es heute Abend an nichts fehlen, beginnt die Mutter mit dem Schmücken des Christbaumes. Zunächst steckt sie die Kerzen auf, zehn bis zwölf reichen schon. Weil die Kinder die farbigen Kerzen am meisten lieben, hat sie im Dorfladen wieder nach den bunten verlangt, obwohl sie selbst gerne einmal weiße gehabt hätte. Die rotbackigen Äpfelchen sollte sie zuerst aufhängen, weiter nach innen, wo die Ästchen kräftiger sind. Äpfel gehören einfach dazu. Die Tannen- und Kiefernzapfen vom vergangenen Jahr legt sie beiseite. Kurz vor Weihnachten konnte sie vom Eiergeld etwas für Christbaumschmuck abzweigen; sie hat bei der Hausiererin drei Glastannenzapfen und drei silberne Nüsse für fünf Pfennig das Stück gekauft. Wer sie wohl zuerst entdeckt?

Auf dem Tisch liegt ausgebreitet, was in diesem Haus bisher Jahr für Jahr am Baum hing. Vieles ist noch von der Großmutter da. So die beiden Vögelchen. Der eine bunt mit langem seidenem Schwanz; fast wie ein echter Buchfink sieht er aus. Der andere klein und keck, als ob er nun zu pfeifen anfangen wolle. Auf den obersten

Weihnachten 1945

»Die Armut war groß, doch sie war nur äußerlich, wenigstens bei uns, denn wir hatten allen Grund an Weihnachten 1945 froh zu sein. Der Vater hatte den entsetzlichen Krieg in Russland überstanden, unsere Mutter und wir fünf Kinder hatten ›die Front an der Haustür‹ überlebt. Wir schätzten das Glück, wieder vereint das Fest der Familie feiern zu können.

Unser Zuhause war in den ersten Nachkriegsjahren eine Barackenwohnung zwischen den Ruinen der abgebrannten Häuser. Wand an Wand lebten wir mit acht weiteren Familien. Unser Hausrat bestand aus ein paar Habseligkeiten, die für die ›Abgebrannten‹ gesammelt wurden. Mit Obstkisten, schrottreifen Bettrosten und Bettgestellen aus Militärbeständen richteten wir uns ein. Der Emailleherd mit dem Wasserschiff war wohl das wichtigste Teil der Ausstattung. Doch das Vorzeigestück unserer Wohnung war die Kommode aus der Gründerzeit, die sich unsere Schwester Lore im Sommer des Jahres 1945 für die Mitarbeit auf einem Bauernhof verdient hatte. Von dieser Kommode – wir besitzen sie heute noch – ging der ganze Glanz unserer ersten Nachkriegsweihnacht aus. Auf ihr stand ein zwar bescheidener, für uns dennoch strahlender Christbaum, darunter waren Geschenke aufgebaut, die wir so nicht erwartet hatten.

Die Eltern versuchten mit viel Einfallsreichtum und allen nur möglichen Mitteln uns Kinder glücklich zu machen. Was die großen Schwestern bekamen, weiß ich nicht mehr. Doch der weiße Puppensportwagen mit einer Babypuppe im rosa Kleidchen war nicht zu übersehen. ›Das ist für dich‹, sagte die Mutter. Für mich alleine? Ich konnte es nicht fassen! Hingebungsvoll begann ich zu spielen. Am nächsten Tag aber erfuhr ich die Wahrheit. Mutter musste mir sagen, dass Puppe und Wagen über die Feiertage nur ausgeliehen waren, dass ich vorsichtig damit umgehen müsse, um beides dann heil wieder zurückgeben zu können. Der Traum war ausgeträumt, ich hatte keine Freude mehr an diesem ›kostbaren‹ Spielzeug und beschäftigte mich lieber mit den aufgemalten Püppchen der billigen Ausschnittbogen.«

(J. W.)

»Ja, und nun war es fünf Uhr und wir standen in unseren Sonntagskleidern, Mutter das kleine Schwesterchen auf dem Arm, vor der Weihnachtsstube. Es wurde nicht einmal geboxt und gestritten. Und jetzt ein ›Klingeln‹. Vater machte die Tür auf und sagte: ›Grad ist's Christkind fort, habt ihr's gehört?‹ Und jetzt ein Staunen. Der Christbaum mit den brennenden Kerzen, o wie schön!
Dort, unter dem Blumenständer der ›Gäulstall‹ vom letzten Jahr. Diesmal standen zwei Pferdchen drin. Das Zweite war sicher für das kleine Brüderle. Und dort auf dem Hocker, die Puppenstube. Aber wie schön, die gleiche Tapete wie in der Stube. Dort im Puppenbett, lag meine ›Berta‹ im nagelneuen Kleid. Und daneben, ja, war das wirklich ›Anna‹? Bei Anna hatte unsere Allerschönste kürzlich den Bauch aufgeschlitzt. Aber nun war sie wieder ganz. Was das Christkind nicht alles konnte!
In der Mitte auf dem Tisch stand ein großer Teller mit ›Backwerkle‹. Drum herum lagen sieben Päckchen. Tabak, ein Kopftuch, zwei Paar Strümpfe, ein Paar Fausthandschuhe, ein Hemdle und für mich eine schöne Schürze. Drüben auf der Kommode stand eine große Schüssel mit Äpfeln. Es waren bestimmt ›Weihnachtsäpfel‹, denn sie waren viel schöner und glänzender als die, welche wir im Keller hatten.
Na, und jetzt durften wir spielen und unsere Sachen bewundern. Bevor die Kerzen gelöscht wurden, haben wir noch Weihnachtslieder gesungen. Dann wurde gegessen. Am Heiligen Abend gab es immer ein Festtagsessen. Kartoffelsalat und heiße Würstchen. Und dieses Mal lag auf meinem Teller ein ganzes Würstle. Mutter sagte: ›Du hast in den Wochen, als ich krank war, auch soviel schaffen müssen.‹ Sonst bekamen wir zu ›Dritt‹ ein Würstle.
Am Heiligen Abend durften wir ›Großen‹ ein wenig länger aufbleiben. Aber dann war es auch soweit und wir standen in unseren kurzen Stoffhemdchen vor unserer Mutter und sie hat mit uns gebetet. Dann ging es die dunkle Bühnentreppe rauf, über die Bühne (manchmal lag da sogar ein wenig Schnee) in unsere Kammer. Vielleicht standen wir im Traum nochmals vor dem Christbaum und unsere Augen haben geleuchtet, wie die Weihnachtskerzen.«

Marie Kircher, Langenburg, geboren 1919

Ästchen sitzen sie am sichersten. Auch die Reflexkugeln sind schon sehr alt, und es sind eigentlich die Lieblingskugeln der Kinder, weil sie im Kerzenschein ihren zauberhaften Glanz wie kostbare Brillanten versprühen. Von Oma sind auch die bunten Glasfrüchte, zwei Birnen und eine Zitrone. Vorsicht, – die Farbe blättert so leicht ab. Ein Nikolaus und zwei Pilze, nicht zum Hängen, sondern zum Festklipsen sind da. Mit diesen und den zerbrechlichen silbernen Trompetchen möchten die Kleinen am liebsten spielen. Jedes Jahr guckt Erich zuerst, ob das Christkind sie wieder mitgebracht hat. Eine rote und eine weiße Rose, verhalten schimmernd – man möchte nicht glauben, dass sie aus Glas sind – stammen auch noch aus Großmutters Zeit. Rosen am Christbaum? Ja, doch, erst kürzlich hat ihr das Bäsle erzählt, dass eine alte Frau in ihrem Dorf früher den Christbaum über und über mit selbstgemachten bunten Seidenpapierrosen geschmückt habe; dies sei ein ganz alter Brauch.

Während die Mutter mit Liebe und Sorgfalt jedes Teil beschaut und anbringt, fallen ihr auch die mit gelbem Seidenpapier umklebten ausgeblasenen Eier ein, die ihre Nachbarin vor wenigen Jahren noch in die Ästchen hängte. Na ja, nicht jeder Haushalt konnte sich gläsernen Schmuck leisten. Wenn sie an ihre Kindheit denkt, kommt ihr der bunte Behang mit viel Essbarem in den Sinn, der in ihren Kinderaugen fast einem Paradiesbaum gleichkam. Auch ihre Kinder sollen heute etwas zum Naschen vorfinden, deshalb hängt sie noch einige hübsch verpackte »Gutsle« (Bonbons) mit rotem Faden auf. Zum Schluss bringt sie Lametta an. Gleichmäßig verteilt sie die einzelnen Fäden an den äußeren Zweigen, so, als wolle sie dem Baum zur Vollendung einen silbernen Umhang überwerfen.

An einem Abend wie diesem, der für die Kinder alle Seligkeit bedeutet, den sie seit Wochen herbeisehnen, dem sie träumend entgegenfiebern, soll die kleine Traumwelt der Kinder erfüllt werden. Noch glauben sie fest daran, dass nur das Christkind diesen Wunderbaum bringen kann, und die Großen mögen ihnen diesen Glauben lassen, denn solche Erinnerungen bleiben fürs Leben.

Die Bescherung am Christtag

Auffallend oft wird davon berichtet, und dies bis in die 1940er Jahre, dass die Kinderbescherung nicht am Heiligen Abend, sondern am ersten Weihnachtsfeiertag, dem Christtag, stattfand, wie dies heute noch in den angelsächsischen Ländern üblich ist. Davon erzählt auch Otto Borst, der als Sohn eines Pfarrers 1924 in Waldenburg geboren ist und hier seine Kindheit verbrachte: »Das Christfest wurde nicht am Heiligen Abend gefeiert, das heißt die Bescherung fand nicht am Heiligen Abend, sondern am Christfestmorgen statt, in aller Frühe, die Kinder konnten sich gar nicht mehr halten mit dem Aufstehen, und dann gab's vielleicht ein paar Socken, eine gestrickte Mütze, wenn's hoch herging, eine Garnitur Gamaschen.« (Prof. Dr. Otto Borst: »Waldenburg – Wandel und Dauer«, 1981)

Mit dem Kinder-Kaffeeservice konnten die Kinder Kaffeekränzchen halten.

> »Der Heilige Abend wurde stets bei den Großeltern gefeiert, zu Hause war erst am Weihnachtsmorgen Bescherung. Wenn das Glöcklein in der Weihnachtsstube erklang, stürmten wir Kinder los und standen dann immer wie verzaubert vor dem bunten Weihnachtsbaum mit den brennenden Kerzen. Ehe wir aber unsere Geschenk bekamen, wurden von jung und alt sämtliche Weihnachtslieder gesungen. Großmutter konnte ellenlange Gedichte von Schiller auswendig. Sie hat uns schon sehr früh angehalten, auf Weihnachten und Neujahr etwas auswendig zu lernen. Nach dem Singen kamen unsere Gedichte.
> Bei den Großeltern bekam man immer einen besonderen Wunsch erfüllt. In einem Jahr bekam ich einmal eine wunderschöne Puppenküche mit einem Essservice aus Porzellan mit Goldrand, so schön, wie heute kein Puppengeschirr mehr gemacht wird.«
> (Martha Beisswänger, geboren 1899 in Heilbronn: »Aus dem Leben einer Weingärtnersfamilie«, Stadtarchiv Heilbronn)

Viele Lebenserinnerungen und Erzählungen beschreiben, dass der erste Weihnachtsfeiertag in evangelischen Kreisen tatsächlich der traditionelle Bescherrtag war. Vor allem in Familien, wo das Christkind nicht »persönlich« erschien, brachte es auf heimliche Weise über Nacht die Geschenke und den Christbaum, die die erwachenden Kinder am Festmorgen vorfanden.

Christkindle und Pelzmärte

In nahezu allen Chroniken und Erzählungen, die von Weihnachten handeln, wird vom Christkind und dem Pelzmärte berichtet; ein Zeichen dafür, wie intensiv dieses ungleiche Paar erlebt wurde. Das Christkind vollendete die Weihnachtsfreude, brachte die Geschenke und den Christbaum, löste nun endlich die bis dahin aufs Höchste angespannte Erwartungshaltung der Kinder.

Christkindlein, ich will artig sein,
bescher mir was ins Schüsselein,
Äpfel, Nüsse, eins, zwei, drei,
und ein Püpplein auch dabei.
Kindervers

Aus Rappach ist überliefert: »Am Heiligen Abend herrscht Stille auf Straßen und Gassen. Das ›Christkind‹ und der ›Pelzmärte‹ gehen in den Häusern umher. Das Christkindle ganz weiß, in einen Schleier gehüllt, erkundigt sich nach dem Betragen der Kinder, lässt sie Gebete sprechen und teilt Geschenke aus (Backwerk, Äpfel, Springerle, Lebkuchen), sodann gibt es Ermahnungen zu fernerem Wohlverhalten. Der ›Pelzmärte‹, meistens vor der offenen Tür harrend, schreckt die Kleinen durch seine fürchterliche Gestalt (Mantel oder Fell, Kutte um die Schultern, Kopf eingemummt, früher mit einem dreifüßigen Kupferhafen bedeckt, so dass er gehörnt erschien). Der ›Pelzmärte‹ wirft beim Weggehen den Kleinen auch noch Nüsse und Äpfel zu.« (Konferenzaufsatz Lehrer Breuninger, 1900, Brettachtaler Heimatbuch, 1983)

Lehrer Barth aus Crispenhofen erwähnt in seinem Konferenzaufsatz von 1900 den Pelzmärte, »Bouzemärtl«, nur nebenbei: »Am Heiligen Abend kommt das ›Christkindle‹, ein der Schule entwachsenes weißgekleidetes Mädchen mit Glocke und Rute in der Hand und ein Körbchen am Arm, in welchem Springerle und Lebkuchen sind. Die Kinder werden geprüft, ob sie auch schön beten können, und erhalten dann etwas aus dem Körble. Wehe aber demjenigen Kind, das nicht

Auch Gottlob Haag kann noch vom Christkindle und vom Pelzmärte in seinem Heimatort Wildentierbach erzählen: »*Am 24. Dezember, dem ›Heilige Oewend‹, oder ›in dr Heiliche Noocht‹, kam das ›Christkindle‹. Heute muss man es per Telefon bestellen, dass es noch kommt. In den Tagen meiner Kindheit gingen mehrere Mädchen, so um die Zwanzig, durch das Dorf und in die Häuser, wo es kleine Kinder gab. Sie trugen weiße Schuhe, weiße Strümpfe und weiße Kleider, meist abgelegte Hochzeitskleider, hatten ihr Gesicht unter einem Schleier versteckt und ein Kränzchen aus Asparaguszweigen auf dem Kopf. In den weißbehandschuhten Händen trug das Christkind ein kleines Glöckchen und eine Birkenrute. Über dem Arm hatte es meistens ein weißes, mit Perlen besticktes Täschchen, in dem es seine ›Schpringerli‹ oder ›Zuggerdoggeli‹ aufbewahrte, die es an die Kinder verschenkte, wenn es mit ihnen zufrieden war. Zunächst wurden meist die Eltern der Kinder über deren Verhalten während des Jahres befragt. Danach sagten die Kleinen ihre Verse, Gebete und Liedstrophen auf, die sie meist eigens auf Weihnachten auswendig gelernt hatten. Oft war mit dem Christkind gleichzeitig der ›Pelzmärte‹ unterwegs, der von fast allen Kindern gefürchtet war, weil er zu gerne von seiner Rute Gebrauch machte, vor allem dann, wenn es sich um weniger folgsame und oft auch bösartige Kinder handelte. Oft hatte er, bis er durchs Dorf zu uns ans Ortsende kam, schon eine Schnapsfahne und war auch seiner Sprache nicht mehr ganz mächtig. Das kam daher, weil es üblich war, dass man ihm in fast einem jeden Haus einen Schnaps oder auch mehrere Schnäpse als Entlohnung für seinen Besuch einschenkte und es für die Leute eine Beleidigung gewesen wäre, wenn er diese abgelehnt hätte. So kam es auch nicht selten vor, dass der ›Pelzmärte‹, wenn er all seine Besuche gemacht hatte, am Ende seines Rundganges durchs Dorf betrunken war.*«

(aus: 650 Jahre Stadt Niederstetten, 1991)

beten will; das bekommt eine Tracht Rutenhiebe; dem Vater aber wird die Rute zu fernerem Gebrauch übergeben. Manchmal wird ein solches ›Christkindle‹ von älteren Kindern ausgelacht und ihm zugerufen:

*Christkindle hopf,
no wackelt dr Zopf,
Christkindle Bolleloch,
klingelts net, so klapperts doch!*

Das Christkind ist meistens von einer Kameradin begleitet, die die Laterne und Ruten trägt. Die Ruten sind geschälte Besenruten. Der Unfug mit einem ›Bouzemärtl‹ kommt auch hie und da noch vor.« (Kreisarchiv Hohenlohekreis)

In der Hohenloher Chronik von Karl Schumm (1953) wird der Aufsatz des Lehrers Rudolf Becker zitiert, der u. a.

schreibt:»Dort, wo das Christkindle war, hinterlässt es eine Rute, um die ein farbiges Bändchen gewunden ist. Diese Rute wird das Jahr über am Spiegel oder an der Zimmerdecke aufbewahrt und dient als Schreck- und Züchtigungsmittel für unartige Kinder. Die Kinder werden vom Christkind mit Backwerk, Äpfel und Nüssen bedacht: Später kommt dann mit Lärm und Gepolter der ›Pelzmärte‹. Sein Anzug besteht aus Pelzmütze, großem Mantel und schweren Stiefeln, der lang wallende weiße Bart darf natürlich nicht fehlen. Wenn der Pelzmärte durch die Gassen lärmt, rufen die Kinder in den Stuben ängstlich: ›Lasst den Pelzmärte net rei, lasst den Pelzmärte net rei!‹.« (Kreisarchiv Hohenlohekreis)

83

Von Geschenkverboten und Armenbescherungen

»Weil manche sich den Kostenpunkt nicht bedachten und selbst dadurch Not litten wurde die Sitte des Beschenkens an Weihnachten in früherer Zeit sogar verboten.« (Anton Birlinger, Volkskunde aus Württemberg)

Gemeint waren vor allem die oft großzügig ausfallenden Patengeschenke zu Weihnachten bzw. zum neuen Jahr und die vorhergehenden »unruhigen« Kinderumzüge. Mit Geschenksitten musste sich z. B. der Rat der Stadt Künzelsau im 18. Jahrhundert wiederholt befassen. So erfahren wir im dortigen Heimatbuch: »In früheren Jahrhunderten erhielten die Kinder ein Geldgeschenk von ihren Doten, worauf eine Ratsverordnung von 1706 Bezug nimmt: ›Das sogenannte Opfergeld‹, das die Kinder am Christtag mittags bei ihren Doten erhalten, wird auf den Neujahrstag verschoben, weil der bisherige Termin [25.12.] ›beschwerlich und unruhig sei‹. Am Zweiten Feiertag (26.12.), dem Stephanstag, fand die ›Christbescherung für arme Schüler‹ – anfänglich auf dem Rathaus, später in der ›Karlspflege‹ (Kindergarten) – statt.«

Und weiter heißt es dort: »Unterm 22. Dezember 1734 wandte sich die Mehrheit des Gerichts an die Beamten, um diese zur Unterstützung einer erneuerten Verordnung über die Beschränkung der Neujahrsgeschenke nachzusuchen. Der Grund ist, wie bei allen derartigen Beschränkungsverordnungen, der ›Zwang‹ für den einzelnen Bürger, sich aus Prestigegründen immer an die ›Höchstschenkenden‹ anzupassen und damit weit über ihre Verhältnisse hinauszugehen. Diesmal will das Gericht, wie schon bisher, ›nur die Silber- und Kleiderwaren‹ verbieten, die Lebkuchen, Zuckerwerk, auch andere Esswaren als die noch einzige Kinder-Freude, die man denen Letzteren nicht gerne abstricken wolle, erlauben.« (Jürgen Hermann Rauser, Heimatbuch Künzelsau, 1981)

In einer Chronik von Niedernhall ist festgehalten: »Das zur Ganerbenzeit übliche Geschenkabholen wird 1724 verboten. Auch soll der ganzen Gemeinde publiziert werden, dass das Herumlaufen der Kinder am Hl. Christtag gänzlich abgestellt sein – hingegen am Neuen Jahrstag allein die Kinder ihr Geschenk bei den Doten abholen sollen.« (Jürgen Hermann Rauser: Heimatbuch Niedernhall, 1981)

Es gab aber auch Stimmen, die Geschenkverbote für überzogen hielten: »1774 erwähnt der Ingelfinger Stadtpfarrer Knapp einige Bräuche aus der Jahreswendezeit. Die üblichen Patengeschenke zu Weihnachten bzw. Neujahr werden von ihm nicht als ›übertrieben‹ angesehen, zumal sie ›vorm Fest angeschafft und beiseite gelegt und am 2. oder 3. Feiertag ausgeteilt‹ werden. Er meint weiter: ›Diese Art Zerstreuung durch Austeilung von Geschenken ist, wenn man es eine Zerstreuung nennen will, nur eine Mucke und kein Kamel‹.« (Jürgen Hermann Rauser: Heimatbuch Ingelfingen, 1980)

Damit arme Kinder, die in der Familie leer ausgingen, auch ihre Freude haben sollten, wurden öffentliche Christbescherungen organisiert. Der »Hohenloher Bote« Öhringen berichtet am 27.12.1878 aus Waldenburg: »Für unsere Kinderwelt brachte auch heuer Weihnachten seine besondere Freude. Am Christfest Abend fand die Christbescherung im Lokale der Theresienpflege für 71 Kinder derselben statt. Wenn die Gaben heuer reichlicher denn sonst ausgefallen sind, so haben wir dies neben der hochherzigen Spende von Seiten der hohen Protektorin Ihre Durchlaucht der Frau Fürstin auch der gütigen Beisteuer einzelner Familien und edler Menschenfreunde aus unserer Gemeinde zu verdanken. Neben Obst und Backwerk aller Art erhielt jedes Kind der Kleinkinderschule noch ein Sacktüchlein. Der zweite Weihnachtsabend war der Bescherung einer größeren Anzahl Volksschüler gewidmet, die das Jahr über die Sonntagsschule der Kinderpflegerin besucht haben. Auch sie wurden nicht weniger reichlich, wie die jüngeren Geschwister beschenkt. Für manches dieser Kinder ist Weihnachten zu Hause besonders spärlich ausgefallen, um so glücklicher fühlten sie sich bei der gemeinsamen Bescherung mit Geschenken erfreut zu werden, welche Eines wie das Andere in demselben Maße und demselben Werthe erhielt, ob armer oder reicher Eltern Kind. Als an beiden Abenden die Kinder mit freudestrahlenden Augen aus innerstem Herzensgrund heraus ihre Weihnachtsliturgie anstimmten, da wurde selbst den Alten das Herz warm und weich. Es war beide Male eine erhebende Feier, wie wir sie jeder Gemeinde wünschen möchten. Besondere Erwähnung verdient noch die Hochherzigkeit, mit welcher auch heuer von den durchlauchtigsten Frauen, der Frau Fürstin und Frau Erbprinzessin unsere Armen, Groß und Klein ohne Ansehen der Konfession mit barem Gelde sowohl als auch mit Kleidungsstücken bedacht worden sind. Ihre Durchlaucht die Frau Erbprinzessin hat außerdem wieder eine Anzahl Kinder von Kopf bis zu Fuß kleiden lassen. Bedenkt man wie manche Noth auf diese Weise in der gegenwärtigen ernsten Zeit gesteuert wird, so wird man auch unsern Wunsch gerecht finden: Gott segne und erhalte uns bis in die fernsten Zeiten unser erlauchtes Fürstenhaus!« (Kreisarchiv Hohenlohekreis, Neuenstein)

Winterjohanni

Am 27. Dezember ist »Winterjohanni«. Das ist der Gedenktag des Evangelisten Johannes. »Sommerjohanni« feiert man am 24. Juni als Geburtstag Johannes des Täufers. In traditionell katholischen Orten unserer Region brachte »Winterjohanni« den »Johannessegen«, die Weihe und den Trank des Johannesweines.

Allgemein war es ein feierlicher Anlass, wenn der in der Kirche geweihte Wein zu Hause zum Wohlergehen und als Zeichen der Liebe innerhalb der Familie und Hausgemeinschaft verabreicht wurde. Jeder Besucher wurde am Johannistag mit diesem Segenstrunk begrüßt. Selbst den Tieren träufelte der Bauer etwas Wein unter das Futter.

Noch heute bezeichnen ältere Menschen den 27. Dezember als »dritten Weihnachtsfeiertag«, denn man feierte Weihnachten tatsächlich einst mit drei Feiertagen.

Im Schöntaler Heimatbuch berichtet Lehrer Alois Lenz aus Bieringen um 1950 über die dortige Weinsegnung: »Unmittelbar nach dem Amt erfolgt die Einsegnung durch den Priester, und jeder, der im Besitz von Wein ist, trägt ihn zum Segnen in die Kirche. Nach der Segnung weiht dann der Priester den Wein, um besonders die Huld Gottes herabzuziehen. Der gesegnete Wein wird heimgetragen und vielfach in die anderen Fässer geschüttet, um auch diese an der Wohltat teilnehmen zu lassen.«

Gertrud Morche aus Berlichingen beschreibt die Weinsegnung: »Am 27. Dezember, dem Fest des heiligen Johannes des Evangelisten wird Wein, Johanneswein genannt, geweiht, von dem der Hausvater jedem Familienmitglied und den Bewohnern des Hauses einen Schluck mit den Worten ›trinket die Liebe des Heiligen Johannes‹ reicht. Früher wurde der Wein mit den gleichen Worten aus einem silbernen Pokal in der Kirche gespendet. Der Rest des Weines wird in die Wein- und Mostfässer gegossen.« (Typoskript 1949, Kreisarchiv Hohenlohekreis, Neuenstein)

Carlheinz Gräter hat 1974 sein »Hohenloher Weinbrevier« verfasst. Dort heißt es: »Lebendig geblieben ist bei den Katholiken der Brauch, den Wein an Winterjohanni, am 27. Dezember, in der Kirche weihen zu lassen. Das gilt auch noch für eine Stadt wie Bad Mergentheim. Von diesem Johanniswein soll jeder im Haus kosten. Beim Aufbruch zur Reise getrunken, behütet der geweihte Wein vor knochenbrecherischen Unfällen. Der Weingärtner schüttet einen Teil des kostbaren Tranks zurück in die Fässer. (Carlheinz Gräter: »Hohenloher Weinbrevier«, Gerabronn-Crailsheim: Hohenloher Druck- und Verlagshaus, 1974)

Silvester – Neujahr

Vorzeiten galt der gesamte Festzeitraum um Weihnachten als Jahreswendezeit. Heute noch ist die Bezeichnung »zwischen den Jahren« zu hören, wenn von den Tagen zwischen Weihnachten und Neujahr bzw. dem 6. Januar (Dreikönig) die Rede ist.

Der Jahresbeginn mit dem 1. Januar hat sich nach der Einführung des Gregorianischen Kalenders 1582 nur allmählich durchgesetzt. Erst im Jahre 1691 fand unter Papst Innozenz XII. der Neujahrsbeginn mit dem 1. Januar allgemein Gültigkeit in der damaligen christlichen Welt. Davor wurden sowohl der 25. Dezember als auch der 6. Januar als Jahresanfang gefeiert. Neujahr entwickelte sich zum weltlichen Fest, denn nach wie vor beginnt das kirchliche Jahr mit dem 1. Adventsonntag.

Der Übergang ins neue Jahr

Silvester, der 31. Dezember, ist der Gedenktag des 335 verstorbenen Papstes Silvester I. Er ist nur der Namensgeber dieses Tages, mit den Bräuchen des Silvesterabends, mit dem Hineinfeiern in das neue Jahr, hat der Kalenderheilige nichts zu tun. Ältere Leute, vor allem in evangelisch geprägten Gemeinden, kennen für den Silvesterabend auch die Bezeichnung »Altjahrabend«.

Die einen feiern Silvester besinnlich und ruhig, besuchen den Gottesdienst, die anderen begeben sich in festliche Gesellschaft, wieder andere möchten das neue Jahr lustig und fröhlich begrüßen. In vielen Familien war und ist es guter Brauch, bei den Silvesterfeiern zu Hause die Kerzen

Lichtfontänen in der Silvesternacht über Künzelsau.

Ofenfrische Neujahrsbrezeln.

des Weihnachtsbaumes anzuzünden. In das langsame Verlöschen der Lichter werden wehmütige Wünsche hineingedacht.

»Das Jahr wird mit einem Silvestergottesdienst, einer sog. ›Liechtliskärch‹, beschlossen. Nach dem Nachtessen gehen die Jungen und zum Teil auch die Alten in das Wirtshaus, wo sie unter Trinken, Rauchen, Kartenspielen und allerlei ernsten und heiteren Gesprächen den Schluss des Jahres, den Zwölfuhrschlag abwarten. Dann geht die Schießerei auf der Straße los, die oft noch bis in den Neujahrsmorgen hinein andauert.« (Aus: Konferenzaufsatz um 1900 von Schullehrer Barth, Crispenhofen, Kreisarchiv Hohenlohekreis, Neuenstein)

Schießen und Knallen, Feuerwerk und Glockengeläut erfüllen die Nacht des Übergangs ins neue Jahr. Und damals wie heute feiert man in Hausgemeinschaften, in Lokalen, auch auf Straßen und Plätzen. Kirchenglocken und Blasinstrumente verbinden sich mit Knallern und Raketen. Raketen und Sektkorken knallen beim »Prosit Neujahr« um die Wette. »Prosit«, eine alte studentische Grußformel, heißt: »Es möge nützen«. Ein Feuerregen ergießt sich über Städte und Dörfer, möglichst inmitten einer eiskalten, klaren Nacht.

»Ein besonders schöner Neujahrsbrauch lebt in Löwenstein: ›Das Fackeln‹. Aus dünnen harzreichen Stäben binden sich die Buben drei bis vier Meter lange armdicke Bündel als Fackel, nötigenfalls helfen Vater und Großvater dabei. Nach dem Abendgottesdienst an Silvester ziehen Junge und Alte den Berg hinan, wo in halber Höhe die Fackeln entzündet werden und als leuchtender Gruß für das wiederkommende Licht und das Neue Jahr zu Dutzenden weit ins Tal hinaus leuchten. Nach dem Abbrennen geht der Zug gemeinsam ins Städtchen zurück, wo einige Choräle den Abschluss bilden.« (Heimatgeschichtliche Beilage der Heilbronner Stimme vom 24. Dezember 1954 von W. Mattes, Stadtarchiv Heilbronn)

Mit dem »Engelesblasen« wird in Künzelsau noch heute die Jahreswende auf stimmungsvolle Weise erlebt: »Besonders ans Herz gewachsen ist allen Künzelsauern das ›Engelesblasen‹ an Weihnachten und Silvester, je um 19 und 24 Uhr. Um diese Stunden denken die Künzelsauer draußen in aller Welt an ihre Heimat und die Ortsansässigen an ihre Verwandten und Freunde in der Fremde. Wann diese schöne Sitte aufgekommen ist, wissen wir nicht mehr, doch sind Turmmusik-Choralvorspiele von einheimischen Komponisten, mit Noten für Blasmusik und mit Liedertexten für Sängerinnen in Kopien von 1835 und 1843 vorhanden. Die Bläser und der ›Engelschor‹ blasen und singen vom Turmkranz der Johanneskirche nach allen vier Himmelsrichtungen je ein Weihnachtslied und einen Choral. Kinder leuchten ihnen mit Sturmlaternen, von denen auch einige, an mehr oder weniger langen Ketten über die Turmbrüstung hinunterhängend, hin- und hergeschwungen werden.« (Jürgen Hermann Rauser: Künzelsauer Heimatbuch, 1981)

Es gab um 1900 aber auch das ganz persönliche Neujahrsanschießen, das Burschen ihren Mädchen boten. Ob in Künzelsau, Rappach, Bad Friedrichshall oder Berlichingen, häufig bekamen die Mädchen im Anschluss an die Neujahrssalven von ihren Verehrern einen gebackenen Ring oder eine süße Brezel überreicht. Schulleh-

Zum neuen Jahr gehören die süßen Brezeln als Glücksgebäck.

Lassen wir uns von Gottlob Haag erzählen, wie der Altjahrabend vor dem 2. Weltkrieg in den Dörfern Hohenlohes erlebt wurde: »*Den Silvestertag nannte und nennt man auch heute noch auf den Dörfern Hohenlohes ›de alde Oewend‹ oder ›de Altjoehroewend‹. In ›dr Altjoehrsnoocht‹, die mit einem von zahlreichen Kirchgängern besuchten Abendgottesdienst ihren Anfang nahm, wurden danach in vielen Orten von den Männern in den Wirtshäusern Kartenspiele gemacht, wobei man um Wecken spielte. Diese Wecken, ›Schlagge‹ genannt, wurden in Partien zu fünf Mann, einem ›Bard‹, herausgekartelt. Dabei konnten zwei von den fünf Spielern die ›Schlagge‹ gewinnen, während drei dabei leer ausgehen mussten. Dem Altjahrabendgottesdienst schloss sich für die Ledigen immer noch ein Abendmahlgottesdienst an. Fast ein jedes der ledigen Gemeindemitglieder nahm diese Gelegenheit auch wahr, denn eine alte Redensart sagte: ›Gäeh sauwer neii s naii Joehr‹.*

Wenn es Mitternacht schlug, versammelten sich die Burschen und Mädchen am Dorfbrunnen oder der alten Linde, um das neue Jahr mit einem Choral anzusingen. Diejenigen der Burschen, die nicht singen konnten, gingen schon vor dem Zwölfuhrschlag hinauf in die Kirche, um danach die Glocken zu läuten. In manchen Dörfern hat man früher die Glocken als Willkommensgruß für das neue Jahr eine ganze Stunde geläutet. Nach dem Läuten und Singen wurde das neue Jahr mit Böllern angeschossen. Anschließend ging man dann in irgend ein gastfreundliches Bauernhaus, wo die Mädchen bereits den Kaffeetisch gedeckt hatten, und trank Kaffee. Dazu mussten die Mädchen die Kaffeebohnen und die Burschen die Wecken besorgen. Dabei wünschte einer dem anderen ›e guets, gsunds und gligglichs naiis Joehr‹.«

(Aus: 650 Jahre Stadt Niederstetten, 1991)

rer Barth, Crispenhofen, bemerkt um 1900 dazu: »Jeder Bursche muss seinem Mädchen das Neujahr anschießen. Auch ist es manchmal noch üblich, dass ein Bursche seinem Mädchen in der Neujahrsnacht einen gebackenen Ring im Werte von 1 bis 5 Mark verehrt. Wird der Ring angenommen, so weiß der Bursche, dass ihn sein Mädchen gern hat.«

Von Rappach, Gemeinde Bretzfeld, wird berichtet: »An Silvester wird um drei Uhr das alte Jahr hinaus- und das neue Jahr hereingeläutet. Abends fünf Uhr ist Gottesdienst im Mutterort Waldbach. Nach dem Nachtessen werden die Pistolen probiert, die im Lauf des Tages blankgeputz wurden. Von neun bis zwölf Uhr halten sich die ledigen Leute in der Wirtschaft auf und karteln Schifflein heraus; auch Männer machen sich ein Vergnügen daraus und bringen die gewonnenen Schifflein nach Hause. Die ledigen Söhne bringen ihre gewonnenen oder gekauften Schifflein den Mädchen, die sie besonders gern sehen, denen sie zugleich mit dem Elf-Uhr-Glockenschlag das Neue Jahr anschießen. Die Scharwächter überwachen und verfolgen die Schießer, welche letztere öfters noch in der gleichen Nacht von den Eltern der Mädchen eingeladen und mit Wein und Kaffee bewirtet werden. Nachher begeben sich die ledigen Söhne noch ins Wirtshaus, von wo aus sie um vier oder fünf Uhr der Heimat zugehen.« (Aus: Konferenzaufsatz von Lehrer Breuninger, 1900, Rappach, Kreisarchiv Hohenlohekreis, Neuenstein)

Brezeln, Ringe, Wecken, wir hören auch von Schiffchen, gehören zu den aus süßem Hefeteig gebackenen Gebildbroten, die als Glücksgebäck mit Vorliebe zum Jahreswechsel aber auch zu anderen Festen des Jahres verschenkt und verzehrt wurden.

»In den Wirtschaften erhält am Altjahrabend jeder Gast unentgeltlich Glühwein [...]. In Brackenheim spielten früher Herrengesellschaften am Altjahrabend im Gasthaus mit Karten Neujahrsbrezeln heraus.« (Karl Bofinger: »Sitte und Brauchtum im Kreis Brackenheim«, Kohlhammer, Stuttgart, 1938)

Was bringt die Zukunft?

Das große Thema des Abends war die Zukunftsbefragung. Beim Bleigießen, Apfelschalenorakel, Schuhewerfen oder Kartenspielen vergnügten sich vor allem ledige Burschen und Mädchen. Solche Beschwörhandlungen um das Heiraten wurden weniger von der Bürger- oder Bauernjugend ausgeführt, vielmehr von Dienstboten, Mägden und Knechten, deren Zukunft im Ungewissen lag, wenn sie, arm und mittellos, keine Ehe schließen konnten.

Vom Kreis Brackenheim wird berichtet: »Allenthalben in unserem Bezirk wird Blei gegossen. Die Form der gegossenen Bleifigur zeigt das bestimmende Ereignis, das der gießenden Person bevorsteht, an. Bei der Deutung dieser Figuren ist allerdings die Einbildungskraft von ausschlaggebender Wichtigkeit. Eine andere Art der Zukunftsbefragung bildet das ›Lose ziehen‹. In Massenbachhausen werden z. B. Bibelsprüche gezogen. Der gezogene Spruch deutet die wichtigsten Erlebnisse im neuen Jahr. In Zaberfeld schlägt man das Gesangbuch auf; die Strophe, auf der der Blick zuerst fällt, ist für die Zukunft maßgebend. Dort werden auch große Brezeln herausgewürfelt; wer gewinnt, hat Glück im neuen Jahr. Der Angang am Neujahrsmorgen ist auch von Bedeutung wie nachfolgende Beispiele zeigen: Massenbachhausen: Wenn Buben zuerst Neujahr wünschen, bedeutet das Glück, bei Mädchen Unglück. Zaberfeld: Man legt in die Schuhe ein vierblättriges Kleeblatt. Begegnet einem jungen Mann zuerst ein Mädchen, dann wird er sich im Laufe des Jahres verheiraten. Ebenso gilt die Regel, wenn einem Mädchen ein junger Mann zuerst begegnet. Eibensbach: Angang mit einem Schwein bedeutet Glück, mit einer Katze oder alten Frau Unglück.« (Karl Bofinger: »Sitte und Brauchtum im Kreis Brackenheim«, Stuttgart: Kohlhammer, 1938)

Ein glückliches Neujahr

Heute werden die Glück- und Segenswünsche schriftlich, mehr noch telefonisch oder gar per E-Mail übermittelt. Noch vor dem zweiten Weltkrieg suchten sich Nachbarn, Freunde und Verwandte, vor allem wenn sie am gleichen Ort wohnten, persönlich auf, um das neue Jahr »anzuwünschen«. Sie brachten, je nach familiärer oder örtlicher Gepflogenheit, Neujahrsringe oder Neujahrsbrezeln mit.

Kinder besuchten ihre Großeltern und mit besonderem Eifer ihre Paten und wünschten mit einem zuvor eingeübten Spruch Glück und Gesundheit.

Heut' ist der erste Januar,
ein Wünschlein möcht' ich bringen dar,
Gott woll' uns miteinander geben
ein fröhlich und gedeihlich Leben,
ein Leben voll Zufriedenheit,
ein Leben zu andrer Nutz und Freud!

Dafür durften die Kleinen ihre Geschenke, ihr »Doutesach«, wie man in

Hohenlohe sagt, abholen. Das waren im 19. und 20. Jahrhundert keine kostspieligen Dinge. Das übliche war Neujahrsgebäck, Obst und dann und wann ein wenig Geld. Anders sah das noch im 18. Jahrhundert aus. Da sich die Paten oft zu großzügig zeigten, wurde von »oben her« eingeschritten aus Sorge, die Bevölkerung könnte sich verschulden.

So hören wir aus Niedernhall: »Über familiäre Neujahrsgeschenke heißt es 1756: Wenn zu Neujahr Kinder ihre Taufpaten besuchen, so steht es letzteren frei, den Kindern zum Andenken ein Opfergeld, Schiffle, Zucker, Lebkuchen, Obst abzugeben. Aber das übrige kostspielige Verehren von Dotenlöffeln, Dotenkleid, Hemden, Kattun, Zeuch, Silberwerk, Band und dergleichen ›soll hiermit gänzlich verbotten und abgestellt sein und um deswillen soll auch das Gegenpräsent von den Gevatterleuten an Zinn, Teller, Löffel, Kannen, Krügen und allem anderen gänzlich verbotten sein und soll sich deshalb niemand schämen, als ohnedem mancher das liebe Brot dermalen nicht erwerben kann‹.« (Jürgen Hermann Rauser: Heimatbuch Niedernhall, 1981)

Auch im Unterland war es guter Brauch am Neujahrstag die Paten zu besuchen. Vor hundert Jahren gab es noch folgenden Neujahrsbrauch: »Alle Kinder im Dorf mussten ihre Paten (Götle und Vetter) besuchen und ihren Spruch aufsagen:

Prost Neujahr,
a Bretza wie a Scheuertor,
an Lebkuchen wie a Mühlrad,
so hat mei Vatter gsagt.

oder

I wünsch Euch a guts neies Johr,
a langs Lewa,
Gesundheit und Frieda.

Die Kinder hatten große viereckige Tücher bei sich, darein wurden die Geschenke der Paten, Hefezöpfe oder große Neujahrsbrezeln eingebunden. Die Buben trugen diese an einem Stock auf der Schulter heim, die Mädchen einfach in der Hand.« (Heimatgeschichtliche Beilage zum Bad Friedrichshaller Rundbrief, November 1983, nach Aufzeichnungen von Klara Denninger, Kreisarchiv Heilbronn)

Wahres Wohl und Freude
wünschen wir auch heute
zu dem neuen Jahr.
Gesundheit, Glück und Segen
wolle Gott euch geben,
heut' und immerdar.

(mündlich überliefert aus
Neckarsulm, H. Denz)

Kinder und arme Leute nutzten die Gelegenheit des Beglückwünschens auf ihre Weise. Sie gingen bevorzugt zu Pfarrer, Schultheiß und Lehrer, trugen ihre Glückwünsche in Spruchform vor, um kleine Gaben zu erbitten.

»Arme Kinder wünschen das neue Jahr im ganzen Ort und erhalten dafür Geldgeschenke, so in Nordheim, Hausen a. Z., Massenbachhausen. In Neipperg gingen früher die Kinder am Tag nach Neujahr auch ins Schloss und bekamen ein Stück Weiß- und ein Stück Schwarzbrot.« (Karl Bofinger: »Sitte und Brauchtum im Kreis Brackenheim«, Stuttgart: Kohlhammer, 1938)

In Rappach wird von einem besonders schönen Brauch berichtet: »Am Neujahrsmorgen rufen die Nachbarn einander den Neujahrswunsch zu: ›I wünsch euch a glücklichs Neujahr!‹ oder ›Prosit Neujohr!‹ Der allgemein übliche Neujahrswunsch, der von Kindern, Dienstboten etc. gebraucht wird, lautet: ›I wünsch euch a glückseligs Neujohr, a gsunde Leib, a langs Lebe, de liebe Friede un de heilige Geist.‹ Den Tag über kommen Neujahrswünscher, arme Leute aus dem Ort selbst und aus der Umgegend und bringen ihre Wünsche teils singend, teils nicht singend zum Ausdruck, z. B.:

Ich wünsche Euch von Herzensgrund,
ein neues Jahr zu dieser Stund,
ein neues Jahr mit Fried und Freud,
dazu die ewig Seligkeit.
Gott lass Euch viele Jahr' erleben,
und selig in den Himmel schweben,
dies wünsch ich Euch zum Neuen Jahr,
der liebe Heiland mach es wahr.

Die Mittagsspeise besteht in vielen Familien in süßem Kraut – damit das Geld nicht ausgehe [...]« (Jürgen Hermann Rauser: Brettachtaler Heimatbuch, 1983, Konferenzaufsatz von Lehrer Breuninger, 1900)

Zwölfnächte – Heilige Nächte – Raunächte

Der Zeitraum der Zwölfnächte, der Heiligen Nächte oder Raunächte beginnt mit dem Heiligen Abend und endet mit dem Dreikönigstag. Dieser Zeitraum gilt von alters her als heilige Zeit. Die erste der Zwölfnächte ist also der Heilige Abend. In dieser heiligen Nacht der Geburt des Erlösers glaubten die Menschen alle Mächte der Schöpfung zu spüren. Naturgesetze stellten sich auf den Kopf: Bäume blühten, Wasser wurde in Wein verwandelt, Tiere begannen zu sprechen. In Orten des oberen Jagsttales glaubten die Menschen gar, die Tiere im Stall würden die Todesfälle des kommenden Jahres vorhersagen.

Was man nicht tun sollte

Die heiligen Nächte waren eine geheimnisvolle Zeit, die mit allerlei Verboten belegt war. Die Frauen sollten z. B. nicht waschen, nicht backen, nicht spinnen, keine Schuhe schmieren. Die Männer durften kein Vieh putzen, noch Mist fahren. Selbst das Haare- und Nägelschneiden solle unterbleiben. Diese und andere verrichteten Arbeiten würden Unglück, Krankheit, ja Not bringen. Sind dies abergläubische Handlungen oder vernünftige Verhaltensmaßregeln? Nach altem christlichem Brauch sollten die Arbeiten zwischen Weihnachten und dem Erscheinungsfest ruhen. So wollten also derartige Gebote und Verbote sagen, man möge die Zeit zwischen Weihnachten und Dreikönig zur Ruhe nutzen, die Feiertage selbst dadurch »heiligen«.

Wettervorhersage und Fruchtbarkeit der Bäume

Zugleich waren die Zwölfnächte wichtige Lostage des Jahres. Losen heißt soviel wie die Zukunft befragen. Am meisten interessierte den Landmann das Wetter der kommenden Monate, weil davon der Segen der nächsten Ernte abhängt. Der Mensch musste sich im Jahreslauf immer wieder mit den Mächten der Natur auseinandersetzen.

Sehr verbreitet war das Zwiebelschalenorakel: Sechs mittelgroße Zwiebeln werden halbiert und so weit ausgehöhlt, dass kleine Schüsselchen entstehen. In jedes gibt man ein Häufchen Salz und stellt sie in einer Reihe vor das Fenster, für jeden Monat des neuen Jahres eines. Am nächsten Morgen wird nachgesehen, wie viel Flüssigkeit sich in den Schälchen gebildet hat, – je nachdem ist für den betreffenden Monat mehr oder weniger Regen zu erwarten.

Wetterregel:
Wenn Christkindlein Regen weint,
vier Wochen keine Sonne scheint.

In vielen Orten Hohenlohes (so in Mulfingen, Diebach, Sindeldorf, Berlichingen, Jagsthausen, Crispenhofen), aber auch im Zabergäu um Brackenheim, hielt sich lange der Brauch, am Heiligen Abend beim Einläuten des Festtages die Stämme der Obstbäume mit Strohseilen zu umbinden. Allgemein wurde geglaubt, dies erhöhe die Fruchtbarkeit jedes einzelnen Baumes. Andere wussten aber, dass Schäd-

Maskierte, teuflische Gestalten dringen in die Häuser ein. Hier am Heiligen Abend in Tiefensall.

linge dadurch abgehalten, der Baumstamm so vor allem gegen Frost geschützt war. Diese Maßnahme musste natürlich die Gesunderhaltung und die Fruchtbarkeit der Bäume fördern.

In seinem Konferenzaufsatz von 1900 schreibt Lehrer Barth aus Crispenhofen: »Am Heiligen Abend werden die Obstbäume während des Vesperläutens, d. h. nachmittags 3 Uhr, wenn der Festtag eingeläutet wird und so lange beide Glocken ertönen, mit Strohbändern umschlungen; das bringt ein Obstjahr.«

Von dunklen Gestalten und »Rolleseln«

In diesen Nächten wiederholen sich auch Auftritte und Umzüge vermummter Gestalten wie sie von Nikolausbräuchen her bekannt sind. Lärmende Horden junger Leute vermummen sich zu Teufelsfiguren und Narrengestalten, die bei uns Pelz-, Schellen- und Glockenmärte aber auch Rollesel benannt sind. In der Gegend von Heilbronn waren die »Schellenmärte« in Erbsenstroh gebunden, bei Backnang in Stroh und Werg (Werg ist rauer, ungekämmter Flachs). Solche Gestalten trugen Kuhglocken oder anderes Geschell am Körper, Bockshörner und zottige Hauben auf dem Kopf. Auch weibliche Schreckgestalten wie die »Hullefra« und die »raue Percht« trieben ihr Unwesen.

In Stadt und Land spielten die winterlichen Lärmumzüge mit und ohne Vermummung, mit und ohne Instrumenten oder Geschell seit dem Spätmittelalter auch zur Jahreswende im Brauchleben der Jugend eine wichtige Rolle. Jugendliche suchten alle Gelegenheiten, um aus ihrem engen Alltag auszubrechen. Sie versuchten eine ausgelassene Gegenwelt zu inszenieren, lärmten am liebsten in zottigen Teufelsgewändern (z. B. in Tiefensall am

Heiligen Abend) durch die Nacht. Keineswegs reichen Auftritte dieser Art in heidnische Zeiten zurück. Es sind keine alten germanische Mittwinterumzüge, wie so häufig berichtet wird. Werner Mezger und andere Forscher konnten dies eindeutig widerlegen. »Was verkörpern diese Gestalten? Was treibt sie um in diesen rauen und gleichzeitig heiligen Nächten? Sie erinnern an das Böse und Dämonische und bilden so bereits den Brückenschlag zur Fastnacht.« (Werner Mezger)

»Ihr Sinn liegt nicht darin, Dämonen abzuwehren, sondern im Gegenteil, diese in Gestalt der Teufel sichtbar in Erscheinung treten zu lassen [...]. Die Darstellung der Teufels- und Dämonenwelt zielt letztlich auf ein Bewusstmachen der Verführbarkeit des Menschen, um so zugleich die Einsicht in seine Erlösungsbedürftigkeit zu wecken.« (D.-R. Moser)

»Bis heute treiben in und um Ilshofen am Heiligen Abend die »Rollesel« ihren Mummenschanz, deren Alter nicht in »graue Vorzeiten«, sondern in die Epoche des Barock reicht.« (Werner Mezger)

»Seit eh und je laufen am Heiligabend in den Orten der Ilshofener Ebene die Rollesel und Rollerbuben durch die nächtlichen Straßen. Nahezu unverändert wie in der Zeitspanne zwischen 1900 und 1950 erblickt sie heute noch der Betrachter. Mit dem ersten Glockenschlag des Betläutens um sechs Uhr abends war in den ansonsten absolut stillen Straßen der Stadt Ilshofen und der 13 Dörfer, in denen ›gerollt‹ wurde, ein helles, rhythmisches Klingeln zu hören. Mitten in der Straße nahte im Laufschritt in Zweierreihen ein Trupp weißbehemdeter, maskierter Gestalten mit hohen Hüten und verschwand wieder in der rasch zunehmenden Dunkelheit. Alle trugen derbe Knotenstöcke. Das gleichmäßige Geklingel, in der Stille durchs ganze Dorf zu hören, ging von Rollriemen aus, die die Läufer über Kreuz auf Schulter und Brust trugen.« (Hans Roth, Ilshofen-Eckartshausen: »So war's im Winter«, HFLM Schwäbisch Hall-Wackershofen, 1995)

Ähnliche Gruppen treten als Nikolausbegleiter auch anderswo auf, z. B. bei Rottweil. Werner Mezger (Sankt Nikolaus. Zwischen Kult und Klamauk, S. 185) schreibt dazu: »Der überwiegende Teil dieser Zusatzfiguren dürfte ganz schlicht die Folge spontaner Einfälle einzelner Brauchträger sein, weshalb eine tiefsinnige ideengeschichtliche Interpretation ihres Wesens auch wenig angemessen scheint.«

Dreikönigstag –
Fest der Erscheinung – Epiphanie

Das Fest der Erscheinung des Herrn am 6. Januar, das Epiphanias-Fest (Epiphanie aus dem Griechischen heißt Erscheinung) ist erstmals im 4. Jahrhundert bezeugt.

In Jesus erschien Gott den Menschen. Er erscheint zunächst den Hirten, die sich in der Nähe der Geburtsstätte aufhalten, dann den Weisen, auch Magier oder Sterndeuter, in der Legende Könige genannt. Diese folgten dem Stern – einer außerordentlichen Himmelserscheinung – um den verheißenen neugeborenen König zu suchen. »Siehe, die Weisen haben sich aufgemacht. Denn ihr Herz ist zu Gott gepilgert, als ihre Füße nach Bethlehem liefen.« (Karl Rahner)

Da der 6. Januar bis zur endgültigen Festlegung des 1. Januar auch als Jahresbeginn gefeiert wurde, kennt man für den Dreikönigstag auch noch die Bezeichnung »Groß-Neujahr« oder »Oberstentag«. Mit dem Erscheinungsfest endet die weihnachtliche Festzeit.

**Die Heiligen Drei Könige –
Kaspar, Melchior, Balthasar**

Die im deutschen Sprachgebrauch übliche Bezeichnung »Dreikönigstag« für den 6. Januar führt auf einen verbreiteten, jahrhundertealten Volksbrauch um die Verehrung dieser legendären Heiligen. Die Zahl drei wird aus den drei

Die Könige sind an der Krippe angekommen. (Schlosskirche Waldenburg)

Geschenken »Gold, Weihrauch und Myrrhe« geschlossen. »Die ganze Welt, vom Morgenland bis zum Abendland, lobt und ehrt die Heiligen Drei Könige[...]. Hell wie die Morgenröte, die das kommende Licht verkündet, leuchtet ihr Glaube.« So schrieb der gelehrte Schriftsteller Johannes von Hildesheim im Jahre 1364 in der geschichtlich bedeutendsten Legende über die Heiligen Drei Könige. Er verfasste die Legende in der Zeit, als sich zum 200. Mal die Überführung der Gebeine der Heiligen von Mailand nach Köln jährte. Danach brach in Deutschland ein wahrer Dreikönigskult aus.

Die Namen der morgenländischen Magier sind in der wissenschaftlichen Forschung noch nicht eindeutig geklärt. Vermutlich stammen sie aus den Dreikönigsspielen um die Legende dieser biblischen Weisen, die dem Stern folgend den neugeborenen König suchten und ihn in einer Krippe fanden. In der Krippenkunst bekamen diese drei Könige schon früh ihren festen Platz. Meistens werden die Figuren zu Weihnachten am Rand des Krippengehäuses aufgestellt, um dann Tag für Tag, zur Freude der Kinder, etwas näher an die Heilige Familie heranzurücken.

Die Auffassung, dass die drei Könige drei Lebensalter repräsentieren oder dass sie als Vertreter der drei Erdteile Europa, Asien und Afrika erscheinen – einer von ihnen wird als Mohrenkönig dunkelhäutig dargestellt – ist eher legendärer Art. Solche Zuschreibungen veränderten sich immer wieder mit den Bildvorstellungen und dem Brauchwesen der jeweiligen Zeit. Übereinstimmend zeigt sich aber sowohl auf bildlichen Darstellungen wie im Brauchwesen, in der Liturgie wie in der Legende, dass diese Könige als die Weisen der Geschichte über Jahrhunderte hinweg die christliche Botschaft der Geburt Jesu verkünden.

Segnung von Wasser, Kreide, Salz und Brot

Zu den Bräuchen am Dreikönigstag gehört seit dem 15. Jahrhundert die kirchliche Segnung des Wassers. Dies geschieht zum Gedächtnis der Taufe Jesu und im Gedenken an die eigene Taufe. Das »Dreikönigs-Wasser« nehmen die Menschen in mitgebrachten Gefäßen von der Kirche nach Hause, um es das ganze Jahr hindurch als Weihwasser zur Verfügung zu haben. Mit dem frisch geweihten Wasser gingen sie durch alle Räume in Haus und Stall, besprengten Gärten und Felder und übermittelten so dem ganzen Anwesen den kirchlichen Segen. Ergänzt wird diese Segnung durch die mit geweihter Kreide an die Türen geschriebenen Segenszeichen, die früher der Hausvater, heute die Sternsinger anschreiben. Diese Haussegnung kennt man seit dem 16. Jahrhundert. Auch Brot und Salz werden zu Beginn des neuen Jahres stellvertretend für alle Speisen des täglichen Lebens unter Gottes Segen gestellt. Das geweihte Salz wurde in der Küche verwendet, krankem Vieh unter das Futter gemischt oder gleich am Dreikönigstag in den Ställen verteilt. Im Segensbuch der katholischen Kirche heißt es: »Die Segnungen am Epiphaniefest sollen sichtbar machen, dass die Menschwerdung Jesu in den Alltag hineinwirkt«.

Das alles sind katholische Bräuche am Dreikönigstag. In evangelischen Orten, auch in unserer Region, wurde von solchen Handlungen Abstand genommen. »Der ›Dreikönigstag‹ ist in unserem ganzen Gebiet fast ohne Bedeutung. Im katholischen Stockheim ist das Anbringen der Aufschrift an der Stalltür: K + M + B noch üblich. Beinahe durchweg wird der Weihnachtsbaum zum letzten Mal angezündet und dann ›abgemacht‹ (geleert).«

Sternsinger bringen den Dreikönigssegen ins Haus und sammeln Gaben für die Ärmsten der Welt.

(Karl Bofinger: »Sitte und Brauchtum im Kreis Brackenheim«, Stuttgart: Kohlhammer, 1938)

Der häusliche Dreikönigstag

Die festliche Weihnachtszeit geht zu Ende. Heute wie früher findet sich in den Bräuchen dieses Tages ein letzter weihnachtlicher Höhepunkt. Die Familie erfreut sich noch einmal am Glanz des Baumes. Die Kerzen dürfen nun niederbrennen, denn gewöhnlich werden Baum und Schmuck sowie die Krippe am darauf folgenden Tag weggeräumt. Den Kindern wird erklärt, dass die Drei Könige auf ihrem langen Weg zum Jesuskind als Geschenke Gold, Weihrauch und Myrrhe mitbrachten, dass sie vom Stern geleitet, das Kind in der Krippe anbeteten.

In früherer Zeit war für die Kinder nun endlich auch der Tag des »Plünderns« oder »Abblümens« gekommen. Jetzt gehörte der bisher am Christbaum verbliebene süße Behang ihnen. Zu der Herrlichkeit des Naschens kam das Spielen mit allem was das Christkind bescherte, obgleich sie wehmütig daran denken mussten, dass Puppenstube und Kaufladen, Küchenherd und Schaukelpferd, fast alles, was ihnen über die Festtage so lieb ans Herz gewachsen war, am nächsten Tag wieder auf ein Jahr weggeräumt werden würde. In fast allen Familien fand auf diese Weise das schönste Fest des Jahres seinen Abschluss, bis die Wirtschaftswunderzeit nach 1950 allgemeinen Wohlstand brachte, mit dem sich das alte Festverhalten änderte.

Die Sternsinger

Der Sternsingerbrauch kam bereits in der frühen Zeit der Gegenreformation, also in der barocken Kultur auf. Es war ein Schülerbrauch, wahrscheinlich von den Klosterschulen ausgehend. Die Reformatoren hielten nichts von dem Heiligenstatus der drei Könige. Die Sternsingerumzüge mochte in der Zeit der Aufklärung Ende des 18. Jahrhunderts aber auch die katholische Geistlichkeit nicht mehr zulassen, denn Missbrauch machte sich breit, als sich die Umgänge in Bettelumzüge mit ausfälligen Texten wandelten. Doch bereits im 19. Jahrhundert kam es in katholischen Landen zu einer Neueinführung des Sternsingerbrauches mit dem »Dreikönigssingen«. Die Kinder kamen zwar mit kirchlicher Unterstützung, jedoch nicht wie heute im kirchlichen Auftrag. Was sie in ihren königlichen Gewändern erheischten, durften sie für sich behalten, ein wenig Geld, ein wenig Gebäck. Sie kamen bittend, beglückwünschten die Hausleute und wurden dafür beschenkt. Auf den mitgetragenen Stern wurde sehr viel Sorgfalt verwandt, vor allem wenn er von innen her beleuchtet war und sich drehen ließ.

Die heil'gen drei König' mit ihrigem Stern,
die kommen gegangen, ihr Frauen und
[Herrn.
Der Stern gab ihnen den Schein;
Ein neues Reich geht uns herein.

Die heil'gen drei König' mit ihrigem Stern,
sie bringen dem Kindlein das Opfer so gern.
Sie reisen in schneller Eil'
in dreizehn Tag' vierhundert Meil'.

Die heil'gen drei König' mit ihrigem Stern,
knien nieder und ehren das Kindlein,
[den Herrn.
Ein' selige, fröhliche Zeit
Verleih' uns Gott im Himmelreich!

Volksgut

»Wie überall im Fränkischen und darüber hinaus dokumentiert sich auch in Grünsfeld die Freude an der dramatischen Gestaltung dieses Tages, der den Abschluss der eigentlichen Weihnachtszeit bildet. Der Brauch des Dreikönigsspiels ist recht früh bezeugt, hauptsächlich in den Stadtrechnungen des 16. und 17. Jahrhunderts und wurde erst in unserer Zeit wieder aufgegriffen. Der Zug der Weisen wird gleichzeitig zu einem Heischegang der Kinder. Sie ziehen zunächst durch die Straßen und werden schließlich auf dem Rathaus vom Rat empfangen, lassen sich dort bewirten und auch etwas Geld geben. Zwölf Pfennige erhielten sie 1569, als sie ›mit dem Sternen umgesungen‹. 1569 begaben sich die Grünsfelder Knaben nach Lauda und sangen den ›güldenen Stern‹. Am Dreikönigstag werden Salz und Kreide geweiht und die Häuser gesegnet. Nach dem Volksglauben bleibt das Böse ein Jahr von den gesegneten Häusern verbannt. Salz gab man dem Vieh bei Krankheit ins Futter. Außerdem erhielten am Dreikönigstag die Ortsarmen vom sogenannten Dreikönigskapital in Höhe von 20 Gulden die Zinsen von einem Gulden. Auch an diesem Tag wurde in der Schlosskapelle eine Messe gefeiert und eine Prozession um Kirche und Friedhof durchgeführt.« (Dr. Elmar Weiß: »Geschichte der Stadt Grünsfeld«, Osterburken, 1981)

Seit 1959 gibt es die kirchlich organisierte Sternsingeraktion, an denen sich auch evangelische Kinder beteiligen. Buben und Mädchen gewanden sich als Kaspar, Melchior und Balthasar mit Pappkronen oder Turban. Ein Sternträger begleitet sie. Im Gottesdienst nahezu jeder katholischen Kirchengemeinde wird eine bunte Heerschar von Königen und Sternträgern ausgesandt. Vor den Haus- und Stubentüren singen sie ihre Segenslieder, schreiben mit geweihter Kreide das Segenszeichen und die Zahl des neuen Jahres an. »20 – C + M + B – 01« steht für »Christus Mansionem Benedicat« und meint: »Christus segne dieses Haus«. Das empfangene Geld wird Hilfsprojekten der Dritten Welt zugeführt.

Diese Sternsinger in Königsgewändern machen sich, ohne Ansehen der Religion, einsatzfreudig auf den Weg, um bei Armen und Reichen, bei Gesunden und Kranken, bei Regierenden und Minderheiten segnend einzutreten. Sie werden freundlich aufgenommen, der Ärmsten der Welt gedenkend mit Geld beschenkt. Das ist ein überaus lobenswerter, alle Menschen verbindender Brauch unserer Weihnachtszeit, die sinnerfüllter nicht beschlossen werden kann.

Glossar

Bouzemärtl
   Pelzmärte

Dote und Dot
   Patin und Pate

Doten
   Paten

Doudasach
   Patengeschenke

Enes
   Anis

Gäulstall
   Pferdestall

Gebildbrote
   traditionelle Gebäckformen, deren Symbolik dem Sinn des jeweiligen Festes entspricht

Geschlossene Zeit
   Fastenzeit

Hutzelbrot
   überwiegend aus Dörrobst gebackene Brotlaibchen

Hirschhornsalz
   Triebmittel

Julschmuck
   Christbaumschmuck aus Glas und anderen Materialien mit nationalsozialistischen Motiven nach den Vorstellungen der NS-Partei

Kattun
   feines Baumwollgewebe

Kurrendesingen
   Schüler singen vor den Häusern gegen Gaben Lieder geistlicher Art

Liechtliskärch
   Lichtleskirche. Die Gottesdienstbesucher beleuchten mit ihren mitgebrachten Kerzen den Kirchenraum

Martinsschiffle
   Kleingebäck aus süßem Hefeteig zum Martinstag

Scharwächter
   gemeindliche Schutzpolizei

Schifflein
   Gebildbrot, Glücksgebäck Kleingebäck aus süßem Hefeteig

Wibele
   Biskuitkonfekt aus Langenburg

Zeuch
   Zeug, leichtes Gewirke von Leinwand, Seide, Baumwolle oder Wolle

Zibeben
   eine andere Bezeichnung für Rosinen

Zuckerbreche
   Haushaltsgerät zum Zerkleinern der Zuckerstücke vom Zuckerhut

Zuckerdockelich (Mehrzahl)
   Springerle und anderes Weihnachtsgebäck

Literatur

Badisches Landesmuseum Karlsruhe: Wolfram Metzger, Jutta Tremmel-Endres, »Bäume leuchtend, Bäume blendend, Historischer Christbaumschmuck«, Katalog, Karlsruhe: INFO-Verlagsgesellschaft, 1996
Bayerisches Nationalmuseum München: »Weihnachtszeit, Feste zwischen Advent und Neujahr in Süddeutschland und Österreich 1840-1940«, Katalog, herausgegeben von Nina Gockerell; München: Prestel, 2000
Birlinger, Anton: »Aus Schwaben, Sitten und Rechtsbräuche«, Band 2, Wiesbaden, 1874. Neudruck: Aalen: SCIENTIA, 1969
Bofinger, Karl: »Sitte und Brauchtum im Kreis Brackenheim«, Stuttgart: Kohlhammer, 1938
Borst, Otto: »Waldenburg – Wandel und Dauer«, gedruckter Vortrag, Stadt Waldenburg, 1981
Cullmann, Oskar: »Die Entstehung des Weihnachtsfestes und die Herkunft des Weihnachtsbaumes«, Stuttgart: Quell, 1991
Döhner, Melchior: »Der Schollenhupser«, Frankonia Buch, Tauberbischofsheim, 1990
Goldmann, Karlheinz: »Weihnachten in Franken«, Heroldsberg. Glock- und Lutz
Gräter, Carl-Heinz: »Hohenloher Weinbrevier«, Gerabronn-Crailsheim: Hohenloher Druck- und Verlagshaus, 1974
Gutöhrlein, Friedrich: »Wie's daheim war; eine Wanderung durch die Gemeinde Unterheinriet«, 1969
Haag, Gottlob: »Und manchmal krähte der Wetterhahn«, Bergatreute: Eppe, 1992
Haag, Gottlob: »In dr heilige Noocht«, Bergatreute: Eppe, 1994
Hampele, Walter: »Dorfleben und Brauchtum im Jahreslauf, Erinnerungen eines Hohenloher Bauernbuben«, Schwäbisch Hall: Oscar Mahl, 1987, 2. Auflage 1989
Helmer, Josef: »Gedichte«, Herausgeber Stadt Waldenburg, 1999
Hohenloher Freilandmuseum (HFLM) Schwäbisch Hall – Wackershofen: »So war's im Winter«, Katalog, 1995
Hohenloher Freilandmuseum (HFLM) Schwäbisch Hall – Wackershofen: »Fast alle Tage Kraut«, Band 11, 1995
Hohenlohisches von Maja Hartmann-Kurz, herausgegeben von Erich Ulrich, Selbstverlag
Katholisches Sonntagsblatt: Schwabenverlag, Ostfildern, Nr. 49/1989 und Nr. 52/53/2000
Kieler Stadt- und Schifffahrtsmuseum: »Alle Jahre wieder ..., Weihnachten in Kiel«, Katalog, herausgegeben von Dr. Jensen, Kiel, 1985
Kirchhoff, Hermann: »Christliches Brauchtum im Jahreskreis«, München: Kösel, 1990
Lenz, Hermann: »Verlassene Zimmer«, Frankfurt am Main: Suhrkamp, 1979
Löcher, Paul: »Wie's einstens war zur Weihnachtszeit«, Ostfildern: Schwabenverlag, 1979
Mehling, Marianne: »Die schönsten Weihnachtsbräuche«, München: Knaur, 1980
Mezger, Werner: »Sankt Nikolaus, zwischen Kult und Klamauk«, Ostfildern: Schwabenverlag, 1993
Moser, Dietz-Rüdiger: »Bräuche und Feste im christlichen Jahreslauf«, Graz: Styria, 1993

Pilgram-Brückner, Ingeborg: »Sternschnuppen vom Nikolaus«, Stuttgart: Mellinger, 1999
Rauser, Jürgen Hermann: Brettachtaler Heimatbuch, 1983
ders., Ingelfinger Heimatbuch, 1980
ders., Künzelsauer Heimatbuch, 1981
ders., Mulfinger Heimatbuch, 1980
ders., Niedernhaller Heimatbuch, 1981
ders., Waldenburger Heimatbuch, 1980
Schwäbische Heimat, Heft 4/1984
650 Jahre Stadt Niederstetten: »Veröffentlichungen zur Ortsgeschichte und Heimatkunde in Württemberg–Franken«, Herausgeber Stadt Niederstetten, 1991
Seifert, Veronika M.: »Kommt, lasst uns gehen und sehen!«, Kral-Verlag
Stille, Eva und Pfistermeier, Ursula: »Christbaumschmuck«, Nürnberg: Hans Carl, 1979
Strohhäcker, Erich: »Das Bild einer Stadt«, 1979, Kreisarchiv Heilbronn
Weber-Kellermann, Ingeborg: »Das Weihnachtsfest, eine Kultur- und Sozialgeschichte der Weihnachtszeit«, Verlag C. J. Bucher, Luzern und Frankfurt/Main, 1978
Weiß, Elmar: »Geschichte der Stadt Grünsfeld«, Osterburken, 1981
Weiß, Erwin: »Ortschronik Erlenbach-Binswangen«, 1986
Woll, Johanna; Merzenich, Margret; Götz, Theo: »Feste und Bräuche im Jahreslauf«, 3. Auflage, Stuttgart: Ulmer, 2001

Ortsregister

Amrichshausen 30
Ansbach 42
Augsburg 64
Backnang 95
Bad Cannstatt 17
Bad Friedrichshall 89, 92
Bad Mergentheim 27, 86
Berchtesgaden 47
Berlichingen 27, 86, 89, 94
Bieringen 36, 86
Blaufelden 75, 74
Brackenheim 15, 44, 54, 91, 94
Cleebronn 45
Crailsheim 17
Criesbach 69
Crispenhofen 82, 88, 89, 94
Diebach 94
Eberstal 9
Eibensbach 91
Erlenbach-Binswangen 23
Fürth 57
Gablonz 52, 53
Gerabronn 35, 36
Gründelhardt 61
Grünsfeld 67, 100
Hannover 60
Hausen a. d. Zaber 92
Heilbronn 26, 34, 37, 82, 95
Ilshofen 58, 96
Ingelfingen 9, 43, 68, 69, 84
Jagsthausen 94
Kirchberg 75, 74
Külsheim 44
Künzelsau 36, 68, 74, 84, 89
Köln 98
Langenburg 9, 12
Lauda 67, 100
Lauscha 52
Löwenstein 35, 88
Lyon 56
Mainhardt 54

Massenbachhausen 91, 92
Maulbronn 12
Möckmühl 34
Mulfingen 15, 51, 94
München 12
Neckarsulm 92
Neipperg 92
Neuenstadt am Kocher 36
Neuenstein 44
Niedernhall 84, 92
Niederstetten 32, 74, 83, 90
Nordheim 92
Nürnberg 13, 47, 56, 73
Öhringen 64, 68, 74, 84
Rappach 82, 89, 92
Rottweil 22, 96
Ruppertshofen 58
Schöntal 86
Schrozberg 18
Schwäbisch Hall 10, 20, 27, 43
Sindeldorf 94
Stein am Kocher 34
Stockheim 98
Straßburg 41
Tauberbischofsheim 44
Tiefensall 95
Türckheim (Elsass) 41
Untereisesheim 36
Untergriesheim 60
Unterheinriet 35, 51
Vorhof bei Unterheinriet 35
Waldbach 90
Waldenburg 13, 25, 33, 58, 62, 70, 78, 81, 84
Walldürn 54
Westheim 27
Wildentierbach 32, 83
Würzburg 42, 56
Zaberfeld 91
Zaisenhausen 54

Sachregister

Adam und Eva 43, 46, 61
Adventskalender 11f.
Adventskranz 9–11, 12
Adventsschmuck 29
Adventssingen 9, 31
Adventsspiele 26
Adventsumzüge 31
Adventszeit 10, 29
Altjahrabend 87, 90
Anklöpferle 32
Anklöpferlesverse 32–34
Äpfel 44–47, 50, 51
Armenbescherung 84f.

Backen 14,15
Backwerk 14, 15, 18, 45, 48, 50
Barbaratag 7
Barbarazweige 13
Basteln 29, 30, 58
Bescherbrauch 23, 26
Bescherung 26, 76, 77, 79, 81
Biedermeier 51, 68, 72

Christbaum 13, 38-62, 74, 80
 (s. a. Lichterbaum, Tannenbaum, Weihnachtsbaum)
Christbaumbehang, essbar und gebastelt 46, 49ff.
 (s. a. Christbaumschmuck)
Christbaumersatz 43
Christbaumgärtlein 61
Christbaum, Regionalgeschichte 43
Christbaumschmuck 29, 45, 52-54, 74
 (s. a. Christbaumbehang)
Christbaumschmuckproduktion 49
Christbaumständer 54, 60ff., 74
Christi Geburt 31, 43, 65, 67
Christkind 26, 27, 38, 44, 72, 77, 80, 82, 83
Christkindleinsbaum 13
 (s. a. Christbaum, Lichterbaum, Weihnachtsbaum)

Christmette, Christvesper 69
Christnachtswunder 13

Drei Könige 97–99
Dreikönigssegen 99
Dreikönigsspiele 98
Dreikönigstag 45, 46, 97–101
Dreikönigstagbräuche 98
Dritter Weihnachtsfeiertag 86

Eiszapfen 47, 53
Engel 24, 30, 68
Engelesblasen 68, 89
Engelshaar 47
Erscheinungsfest 97ff.
Erster Januar 87
Erster Weihnachtsfeiertag 26, 81
Erster Weltkrieg 15, 48

Frucht- und Zuckerbäume 13

Gabenbringer 22, 24, 26
Gabentisch 38
Gablonzer Christbaumschmuck 52f.
Gebildbrote 43
Gegenreformation 24, 64, 99
Geschenke 29, 69–75, 81
Geschenkverbote 84f.
Glaskugeln 38, 43, 47, 49, 51, 53
Glaskugelproduktion 47, 51, 52
Glasschmuck 49, 51–56
Glasseide 47
Glückwünsche 91, 92
Groß-Neujahr 97
Gründerzeit 48, 52, 56, 60

Heiligenachtsingen 36
Heiliger Abend 26–28, 38, 41, 60, 76-82
Heiliger Christ 26
Holzfiguren 47, 48
Hullefra 27, 95
Hutzelbrot, Schnitzbrot 15, 27
Hutzeln 44

Jahresbeginn 87
Jahreswende 87
Jesuskind 26
Johannessegen 86
Johanneswein 86
Jugendstil 48
Julschmuck 49
Jultanne 42

Kerzen 10, 38, 41, 47, 8
Kindlewiegen 64
Klausenbaum 29, 43
Klopfnächte 35, 37
(s. a. Anklöpferle)
Knecht Ruprecht 25, 27, 28
Knöpflesnächte 34
Krippe
(s. Weihnachtskrippe)
Krippefiguren 64, 66
Kurrendesingen 34
Lametta 47, 57

Lärmumzüge 37
Lebensbaum 42
Lebkuchen, Honigkuchen, Pfefferkuchen 15, 18, 49, 51
Lebkuchenhäuschen 20, 21
Leonische Drähte 47, 52, 56
Lichterbaum 41, 44, 53, 60
(s. a. Christbaum, Tannenbaum, Weihnachtsbaum)
Liebesorakel 12

Mariä Lichtmess 45
Martinsschiffle 23
Martinstag, Martini 8, 23, 28
Mitternachtsmetten 67
Mittwinterumzüge 95
Mittwinterzeit 38, 67
Model 16, 20, 49

Nachkriegszeit 43
Naschwerk 48, 49, 50, 51
Nationalsozialismus 12, 42
Neujahr 91–93
Neujahrsgebäck 88, 91
Neujahrsläuten 90
Neujahrsschießen 89
Nikolausbescherung 26

Nikolausbräuche 22
Nikolauskult 22
Nikolauslegenden 22, 23
Nikolaustag 23, 24, 27
Nüsse 44–47, 50, 51

Oblaten 20, 41, 45, 47
Obstbaumzweige 13
(s.a. Barbarazweige)

Papierkrippen 65
Papierrosen 45, 58
Paradiesbaum 43, 46, 61
Paradiesbogen 43
Paradiesgärtlein 43, 61
Paradiesspiele 43, 46, 61
Paten 18
Patengeschenke 91f.
Pelzmärte 25, 27, 28, 82, 83
Pelznickel 25
Plündern 51
Prägebilder 47

Rauschgold 45, 47, 57
Reifenbaum 43
Rollesel 95, 96

Sankt Barbara 12, 14
Sankt Martin 23, 27, 28
Sankt Nikolaus 22–28
Schellenmärte 25, 27, 95
Schreckgestalten 28, 95
Silvester 87-91
Silvesterfeier 87
Spielzeug 29, 69, 70, 73
Springerle, Eierzucker, Aniszeug, Bauernmarzipan 15, 16, 18, 19, 49, 51
Sternsinger 99–101
Sündenfallbaum 43

Tannenbaum 13, 41, 58, 60
(s. a. Christbaum, Lichterbaum, Weihnachtsbaum)
Tannenzapfen 47
Tannenzweige 41, 44
Teuflische Begleiter 23, 24, 26, 95
(s. a. wilde Begleiter)
Tragant 49

107

Umzugsbräuche 26

Weihnachtsanläuten
Weihnachtsbaum 40, 41, 44
(s. a. Christbaum, Lichterbaum, Tannenbaum)
Weihnachtsbaum, Geschichte 40ff., 45
(s. a. Christbaum, Regionalgeschichte)
Weihnachtsfest 26, 38, 41, 42, 67
Weihnachtsfest, Datierung 67
Weihnachtsgebäck 17
(s. a. Backwerk)
Weihnachtsgestelle 43
Weihnachtskrippe 63 ff., 97
Weihnachtsmann 22, 28
Weihnachtsmärkte 42, 73
Weihnachtsmorgen 44

Weihnachtspyramide 43, 61
Weihnachtsschmuck 40, 47
Weihnachtssingen 36, 68, 69
Wilde Begleiter 25, 27
(s. a. teuflische Begleiter)
Winterhilfswerk 49
Winterjohanni 86

Zählhilfen 11
Zischgold 41, 45, 47
Zuckerdockele 7, 18, 44
Zuckerwerk 44
(s. a. Backwerk)
Zukunftsbefragung 91, 94
Zünfte 41, 45
Zweiter Weihnachtsfeiertag 45
Zweiter Weltkrieg 12, 15
Zwiebelschalenorakel 94

Dank

Dank sagen möchte ich den Archivaren und Büchereileiter/innen, die mir die Einsichtnahme in alte Literatur, Zeitungen und heimatkundliche Schriften ermöglichten:

Kreisarchiv Heilbronn
Stadtarchiv Heilbronn
Kreisarchiv Hohenlohekreis, Neuenstein
Kreisarchiv Schwäbisch Hall
Bücherei des Zabergäuvereins, Güglingen
Stadtbücherei Bad Mergentheim
Stadtbücherei Tauberbischofsheim
Stadtbücherei Waldenburg

Danken darf ich den Damen und Herren, die mir bereitwillig Auskunft gaben, als ich sie nach ihren persönlichen Weihnachtserinnerungen fragte:

Anna Brück, Untersteinbach
Berta Brück, Waldenburg-Goldbach
Heribert Denz, Tiefensall
Karin Hoferer, Untersteinbach
Helga Noll, Waldenburg
Anneliese Schmidt, Eberbach/Jagst
Marie Schmitt, Zaisenhausen
Margarete Schweikert, Weinsberg
Josef Walter, Zaisenhausen
Thekla Wolpert, Eberstal
Elisabeth Ziegler, Bächlingen

Herzlichen Dank für die selbstverfassten Geschichten:

Marie Kircher, Langenburg
Liesel Leicht, Künzelsau
Theo Götz, Waldenburg

Danken möchte ich nicht zuletzt meinem Mann, Bernhard Woll, der mir mit viel Sorgfalt das Manuskript auf dem Laptop getippt hat, der mich auch in die Archive und Büchereien begleitete, Literatur studierte und für dieses Buch Fotos machte.